Théorie de la régulation
1. Les Fondamentaux

Théorie de la régulation

1. Les Fondamentaux   ·

조절이론
1. 기초

로베르 부아예 지음 | 서익진·서환주·정세은·김태황·이지용 옮김

뿌리와
이파리

차례

위기의 현대 자본주의를 이해하기 위한 필수 이론

1. 자본주의 역사에서의 전환기

1990년대 초부터 자본주의 경제가 이미 21세기로 진입한 반면, 역설적이게도 대다수의 경제 분석은 순수 시장경제를 준거로 삼는 19세기 말의 경제이론으로 회귀했다. 미래의 역사가들은 기술, 조직, 제도 및 지정학적 환경에 영향을 주는 다양하고도 심대한 구조 변환이 일어나고 있던 상황에서 연구자들이 극단적으로 정태적인 세계와 자기조절적인 시장경제를 가정하는 초시간적인 분석틀을 준거로 삼고 있었다는 사실에 대해 놀라움을 금치 못할 것이다. 바로 이러한 상황에서 정치경제학의 위대한 전통을 오늘날에 되살리고자 하는 대안적 접근법들이 가진 잠재력이 뚜렷이 부각되고 있다. 조절이론은 이러한 문제의식을 공유하는 대안적 접근법들 중에서도 자본주의의 내생적 진화와 현대 자본주의의 다양성에 특히 주목해온 이론이다. 조절이론의 틀에서 보면 제2차 세계대전 이후부터 1970년대 초에 걸쳐 자본주의가 안정적인 고성장을 경험했다는 사실은 오늘날 자본주의가 2008년 리 먼 브러더스Lehman Brothers의 파산과 그 영향의 세계적 확산으로 대 위기를 겪고 있다는 사실과 극명한 대조를 이룬다. 조절이론은 역사 적 분석의 확장·심화를 통해 포드주의 개념을 조탁하는 작업으로 시 작해서 포드주의를 불안정하게 만든 내생적 요인을 밝히는 작업으로 나아갔고, 이젠 포드주의를 계승할 대안적 축적체제와 조절양식이 무 엇인지를 모색하고 있다.

현대의 모든 이론이 설명해야 할 정형화된 사실들은 무엇일까? 먼 저, 소비에트 체제를 채택한 국가들이 시장경제로 이행하는 과정에서 심각한 애로를 경험한 것과는 달리, 왜 중국은 경제와 사회를 철저히 변형시키는 전략에서 효과를 거두고 있는 것일까? 또한 금융 부문에 서의 자유화, 혁신 및 세계화가 초기에는 경제성장을 회복시켜주었지 만, 그 후 특히 2008년 이후부터는 공공연한 대위기의 원인이 되었다 는 사실을 어떻게 설명할 수 있을까? 1980~90년대에 라틴아메리카 국가들과 곧이어 아시아 국가들을 번갈아 강타했던 금융위기가 왜 오 늘날에는 북미와 유럽의 선진 경제들에 타격을 가하고 있는 것일까? 1929년의 위기를 극복하는 데 기여했던 경제정책이 왜 오늘날에는 대 량실업의 축소와 고성장의 회복에 효과를 발휘하지 못하는 것일까? 유로화의 도입은 회원국들의 생활수준과 조절양식의 점진적인 수렴 을 보장할 것으로 기대되었는데, 실제로는 이러한 수렴이 나타나기는 커녕 유럽연합의 존립 자체가 위협받고 있는 이 상황을 또 어떻게 설 명해야 할까?

2. 실패했어도 여전히 방향타 역할을 하는 경제이론들

이 질문들에 대해 직업 경제학자들이 제시하는 답은 전혀 설득력이 없다. 그들은 러시아 경제가 시장경제로 전환하면서 그토록 어려움을 겪었다면 그건 정부가 연거푸 오류를 저지르고 국민들이 시장논리를 이해하지 못하고 있었기 때문이라고 본다. 그러나 이보다는 오히려 자본주의라는 아주 특수하고 복잡한 사회경제 체제의 형성과 제도화에 관한 이론이 부재했던 탓이라고 보아야 하지 않을까? 중국 경제의 진화는 시카고학파 경제학자들과 '법 경제학Law and Economics' 학파에게는 더욱 해석하기 어려운 현상일 것이다. 왜냐하면 이들은 선험적으로 법치국가의 부재, 정치적인 것과 경제적인 것의 혼동, 통화의 저평가 유지, 신용과 투자의 배분에서 국가의 지배적인 역할 등을 경제적 효율성을 저해하는 장애물로 생각하고 있기 때문이다!

효율적 금융시장 이론의 관점에서 보면 2008년 9월 미국 금융 시스템의 붕괴는 결국 아주 희귀한 사고에 기인한 것이며, 그 원인이 무엇이건 이 사고는 건설 부문 등에서의 생산성 급감 또는 국가 개입의 정당성과 효율성에 관한 민간 주체들의 의구심으로 인한 신뢰 상실과 깊이 연관되어 있다. 한편, 실물경기변동이론Real Business Cycle(RBC) 또는 이를 정교하게 만든 동태적 확률일반균형Dynamic Stochastic General Equilibrium(DSGE) 모형을 발전시킨 신고전파 거시경제학은 미국 경제가 정부의 통화 정책이나 재정 정책과는 무관하게, 즉 자생적으로 장기 균형을 회복할 것으로 예측한다. 그러나 높은 실업률과 대규모 재정적자의 지속 그리고 경기부양책의 반복 시행은 균형으로의 자동 복귀가 환상이라는 것과 고성장 시기에 산업 순환의 안정화를 가져다줄 수 있었던 케인지언 정책에 한계가 있다는 것을 동시에 보여준다.

1980년대의 멕시코에서부터 2000년의 아르헨티나에 이르기까지 라틴아메리카에서 거듭 발생했던 금융위기와 1997년의 아시아 위기는 관련 국가들이 취한 경제정책의 질적 후진성 또는 '경제적 합리성'을 무시한 대중영합적인 정부 탓으로 해석되었다. 그러나 이러한 해석은 더 이상 수용되기 어렵다. 왜냐하면 한편으로는 이 나라들이 글로벌 금융위기를 선진국들보다 더 잘 견뎌냈고, 다른 한편으로는 국제 금융위기가 금융 안정을 위한 대비책을 가장 잘 갖추고 있다는 평가를 받고 있던 미국과 영국의 금융 시스템에서 시작되었기 때문이다. 전자의 나라들은 위기가 경제적, 사회적 및 정치적 측면에서 얼마나 값비싼 것인지를 고통스럽게 배웠던 반면, 후자의 나라들은 순진한 믿음과 과학적 결과를 혼동하고 이상적인 시장 모형과 금융이 지배하는 자본주의 경제의 현실을 혼동했던 것이다.

결국 세계화globalization라는 개념 자체가 한계를 드러냈다. 무역, 생산적 투자, 금융 포트폴리오 관리 및 지적재산권 분야에서 상호의존이 증대해온 것은 사실이지만, 산업국들과 원자재 생산국들 사이에, 미국과 중국 사이에, 또는 북유럽과 남유럽 사이에 성장 방식과 경제정책 유형이 유사해지기는커녕 갈수록 그 차이가 벌어져왔다. 이리하여 유례없는 국제적 불균형이 나타났고, 이 불균형은 금융시장의 논리에 의해 더욱 심화되는 경향을 보이고 있다. 어느 국가에나 보편적으로 적용될 수 있는 하나의 동일한 표준 모델에 대한 믿음이 소비에트 체제 붕괴 이후 널리 확산되어왔지만 오늘날에는 거의 신뢰받지 못하는 가정이 되었다.

그럼에도 불구하고 위기 극복 전략을 주도하고 있는 것은 여전히 이

전과 동일한 네오 왈라지언 분석틀이다. 그 유효성이 의심받고 있는데도 긴축 정책의 시행이 일반화되고 있는 유럽에서 그러한 주도 경향이 두드러진다. 그러나 경험적 수치들을 통해 반박되고 있음에도 불구하고 가장 강력한 금융 및 경제주체들의 지지를 받는 경제적 관념이 여전히 지배력을 행사하고 있다는 것은 그야말로 위험천만한 일이 아닐 수 없다. 문제는 표준 이론의 결함이 몇 가지 기술적인 약점에 있는 것이 아니라 그 이론적 토대 자체에 있다는 점이다.

3. 새로운 교조주의의 토대 자체가 지닌 문제점

사실 표준 이론들이 때로는 우아해 보이고 정책 집행자들을 빈번히 유혹하고 있다면, 그것은 이 이론들이 지극히 단순한 가정들을 세우고 이로부터 경제적 균형의 일반적 속성을 논리적으로 도출하고 있기 때문이다. 그러나 불행히도 이 가정들은 현대 경제에서 실제로 전개되고 있는 경제적 진화 과정을 폭력적으로 왜곡시킨 것이다. 이론의 여지가 있는 가정들 중 첫 번째는 근본적으로 개인주의적인 주체들 사이에 조정이 이루어지는 절차로서 시장이 유일무이하다는 가정이다. 그런데 경제의 역사를 보면 심각한 위기가 발생할 가능성이 상존한다는 것, 그리고 위기가 발생하면 시장 논리는 무력해지는 대신 집단적 대응이 불가결하다는 것은 분명한 사실이 아닌가. 그런데도 집단적 대응의 필요성이라는 가정은 현대 경제모형에서는 존재조차 하지 않는다.

민간 주체들의 행동방식과 관련해서도 동일한 지적이 가능하다. 즉 표준 이론은 강력한 통계처리 소프트웨어와 풍부한 통계수치를 동원하여 경제 변수들을 추상화하고 처리할 수 있는 직업 경제학자만이 가진 능력을 대단히 관대하게도 민간주체들도 가지고 있다고 본다. 바로 이것이, 충분히 많은 경제주체들이 그들 간의 상호작용을 관장하는 경제모형이 어떻게 결정되는지 알고 있다고 보는 표준 이론의 실질적 합리성 가정이 가진 매력이자 한계이다. 그런데 미국 중앙은행 총재 벤 버냉키Ben Bernanke처럼 신중한 경제학자도 자신이 결정하는 통화정책에 대해 미국 경제가 어떻게 반응할지 정확히 알고 있지 못하다고 고백하는 것은 정말 아이러니가 아닌가. 일반 경제주체와 같은 아마추어가 경제학자와 같은 프로보다 더 나은 전문가라는 것을 어떻게 설명할 수 있을까? 실질적 합리성 이론이 부닥치는 지독한 패러독스가 아닐 수 없다.

경제주체들의 의사결정 결과를 평가함에 있어 의사결정이 무한대의 계획기간을 전제로 한다는 가정은 훨씬 더 과감하다. 예컨대 기업은 투자의 수준과 방향 및 연구 개발과 관련된 결정을 내려야 하고, 가계는 은퇴 저축의 형성을 위한 최선의 전략을 결정해야 한다. 그런데 합리적 기대 이론은 경제주체들이 무한대의 계획기간에 걸쳐 시제간時際間의 최적화된 의사결정을 내릴 능력이 있다고 가정한다. 이는 성장체제가 어떤 구조적 변화도 겪지 않는다는 것, 그리고 경제주체들은 이렇게 가정된 성장체제의 속성을 잘 알고 있다고 가정하는 것이다. 이러한 구조 변화의 부재라는 가정은 혁신의 우위 그리고 혁신이 경쟁, 조직 형태 및 그에 따른 성장체제의 변형에 미치는 영향 등이 항상적으로 일어나는 것이 자본주의 경제의 근본 속성임을 부정하는 것이나 다름없다.

1990년대에 일정 정도 성공을 거두었던 내생적 성장 모델을 제외하면 현대 거시경제이론은 단기 및 중기 균형을 중요시하며, 정태적 효율성 즉 이미 주어진 것으로 가정되는 희소 자원들의 최적 배분에만 관심을 가진다. 이 두 개념, 즉 단기 및 중기 균형과 정태적 효율성은 동태적 효율성 개념에 정반대되는 개념이다. 여기서 동태적 효율성이란 한 경제가 기술, 제품 및 조직 혁신의 쇄신과 확산을 통해 더 효율적인 생산방식을 개발하고 더 나은 생활수준을 지탱해줄 수 있는 역량을 말한다. 이로써 조셉 슘페터Joseph Schumpeter가 이미 오래전에 가했던 비판이 인정되는 셈이다. 마이크로소프트와 애플, 인텔, 구글, 페이스북 등이 활동하는 시대에 표준 이론이 이런 식으로 경제를 다루는 것은 정말 문제가 있지 않은가.

국가에 대해 말하자면, 만일 어떤 공공재도 민간 기업의 성공에 더이상 필요하지 않게 되었다고 한다면 국가는 그야말로 하나의 교란 요인에 지나지 않을 수 있다. 그런데 현대의 주요 경제들의 성과를 비교해보면 교육, 연구, 공중보건의 질, 심지어는 커뮤니케이션 인프라 등의 역할이 대단히 중요하다는 것을 알 수 있다. 기술 변화 등 여러 분야의 전문가들의 연구도 이 점을 강조하고 있다. 그런데도 이에 대해 고전파 이론의 영감을 받은 현대 거시경제학자들만 전혀 관심을 기울이지 않는 것이다. 그러나 국가 개입이 양적으로나 질적으로 확대된다는 것은 자본주의의 핵심 특징으로 보인다. 중국 같은 나라도 예외가 아닌 까닭은 중국 경제가 이룬 성과의 상당 부분은 공공 개입의 높은 질적 수준에 기인하기 때문이다.

끝으로, 거시경제 이론화 작업들은 대부분 위기 개념을 전혀 발전시키지 않았다. 그들은 특정 경제의 외부에서 일어난 사건 또는 엄격한 의미의 경제활동에 외생적인 사건에 대응하는 과정에서 나타나는 경기 순환의 하강 국면에만 관심을 둘 뿐이다. 축적 과정의 내적 모순을 다루는 마르크스주의적 분석의 대척이자 대안으로 고안된 네오 왈라지언 문제의식을 채택함으로써 우리는 엄청난 대가를 치르고 있는 셈이다. 왜냐하면 마르크스주의적 분석이야말로 자본주의 체제에서 경기변동과 위기는 필연적인 현상이며, 이 현상들은 자본주의 생산양식의 한계 봉착을 예고하는 것임을 보여주었기 때문이다.

4. 제도주의적이며 역사적인 정치경제학: 조절이론의 현재 성과 적실성

지금까지의 논지는 정치경제학적 접근법들의 쇄신 방향에 방점을 두고 있었다. 그런데 실은 이것이 바로 나중에 조절이론으로 발전되어 온 초기 작업들이 채택한 전략이었다. 이 작업들은 우선 미국과 프랑스 자본주의의 장기적 변형에 관한 연구를 수행했고, 그 후 유럽, 라틴 아메리카, 나아가 아시아 등 수많은 나라들을 대상으로 하는 국제 비교 연구로 확장되었다. 조절이론은 애초 제2차 세계대전 이후에 작동했던 포드주의 체제가 위기에 빠진 원인을 해명하기 위해 시작되었지만, 그 후 개념, 방법론 및 연구성과가 끊임없이 풍부해져왔다.

조절이론의 잠재력은 경제사와 경제이론을 화해시키려는 전략과 경제학을 경제사회학 및 정치적 분석을 필두로 하는 사회과학 속에 재편입시키려는 노력에 있다. 이 책은 1970년대 중엽 이후 줄곧 증가해온 일군의 작업의 성과를 종합적으로 제시한다. 이 책에서 독자들

표 1 대안적 패러다임으로서의 조절이론

	표준 (거시)경제학	조절이론
조정 원리	시장	제도 형태들 및 그 틀 속에서 작동하는 시장
경제주체들의 행동방식	실질적 합리성	제도적으로 결정된 합리성
기대	합리적 기대(경제주체들은 그들 간의 상호작용을 관장하는 모델을 알고 있다)	오히려 부분적 시각, 신뢰, 협약 (금융시장)
중심 개념	· 일반균형 · 정태적 효율성(파레토 최적)	· 조절과정과 조절양식 · 축적체제의 지속 가능성과 동태적 효율성
국가 개념	공공재와 외부성이 부재하는 최소국가	제도 형태들의 설계자로서 재결권을 가진 국가
위기의 성격	모든 축적체제에 내재된 특징	경기변동과 대위기의 구별

은 조절이론이 신고전파 거시경제학 등 좀 더 익숙한 이론들과 얼마나 다른지를 분명하게 알 수 있을 것이다(표 1 참조).

　조절이론은 시장 논리의 재평가로부터 출발한다. 시장 논리는 표준 이론의 토대를 이루고 있지만, 시장은 그 성립과 장기 지속성을 보장하는 일군의 규칙, 제도 및 조직 속에 편입될 때에만 생명력을 가진다는 점이 강조될 필요가 있다. 제도가 먼저이고 시장은 그 파생물인 것이다. 이러한 사고에 따르면 화폐제도가 으뜸의 제도이다. 바로 이 화폐제도 덕분에 교환과 다양한 시장에서의 가격 형성이 가능해졌기 때문이다. 따라서 모든 제도를 벗어던진 순수한 경제를 상정하고 그에 대한 이론의 뼈대를 먼저 구축한 후 그 속에 제도를 도입하고자 하는 것은 환상일 뿐이다. 이와는 반대로, 제도 형태들 전체를 고려해

야만 경제적 조정의 성격이 분석될 수 있다. 이미 언급한 화폐제도 외에 노동시장이라는 개념도 임노동 관계라는 제도적 개념으로 대체되어야 한다. 임노동 관계는 예컨대 고용 조건, 임금, 사회보장 유형에도 영향 받는 노동자의 생활양식 등을 관장하는 법적 및 제도적 조직화를 말한다. 임노동 관계는 교환 관계임과 동시에 기업가의 권위에 대한 복종 관계라는 특수성을 띠고 있다. 바로 이러한 특수성이 왜 통상적으로 완전고용은 예외적인 현상이고 불완전고용이 일반적인 현상인가를 해명해준다. 물론 아주 드물게 나타나는 경제적 붐의 시기를 제외하고 말이다.

마찬가지로 표준 이론의 순수완전경쟁은 실재하는 자본주의에서는 아무리 노력해도 결코 달성할 수 없는 그러한 상태나 다름없다. 그 이유는 경쟁의 결과 수많은 산업 부문에서 비록 독점은 아닐지라도 과점이 형성되는 경향이 강하기 때문일 것이다. 경쟁의 정도와 성격이 바로 세 번째 제도 형태를 규정한다. 국가/경제 관계는 다양한 구도를 취할 수 있으며, 이는 정치 과정 및 헌법 체제의 성격과 긴밀히 관련되어 있다. 더욱이 국가는 헤게모니 집단의 이익을 위해 이질적인 제도 형태들 전체의 정합성을 유지하려는 설계자나 다름없다. 바로 이러한 의미에서 조절이론은 자본주의의 장기 변형과의 밀접한 상호작용을 통해 정치경제학을 쇄신하려는 전략으로 자리매김 된다.

또한 실질적 합리성도 위에서 언급한 제도 형태들이 제한된 정보 접근성을 가지고 불평등한 세력 관계 속에 처해 있는 경제주체들의 행동에 미치는 영향을 감안하는 것으로 대체되어야 한다. 경제주체들은 미래에 대해 부분적인 전망만 할 수 있기 때문에 가장 합리적인 주체로 간주되는 금융주체들조차 순수한 믿음 혹은 협약에 기댈 수밖에 없다. 이런 방식으로 현대 자본주의의 분석에서 그토록 중요시되는 금융시장의 동학이 설명된다. 정태적 균형과 파레토 최적이라는 개념이 전혀 무의미하게 되는 이유는 경쟁 원리와 노동자들의 피지배적 성격이 결합하여 본성상 불균형과 위기를 동반할 수밖에 없는 과정인 축적 동학을 작동시키기 때문이다. 사실 위기는 이러한 사회경제적 체제에 내생적인 것이지만, 축적체제 내부에 누적된 불균형들을 축소시키는 경기변동상의 위기가 있다면, 제도적 구도가 한계에 봉착했음을 알려주는 대위기도 있다.

이러한 위기의 구별은 대다수 경제들이 현재 처해 있는 상황을 이해하는 데 기본적으로 필요한 것이다. 이로부터 이 경제들은, 축적체제와 조절양식의 기반들의 정합성 자체가 문제시되고 있다는 점에서 단순한 경기변동상의 위기가 아니라 대위기를 거치고 있다고 말할 수 있다.

5. 자본주의의 변형과 그 위기에 관한 분석

이 책에 제시된 이론에 관한 이해를 돕기 위해서는 지금까지 논의된 조절이론의 연구결과들을 현재 당면하고 있는 문제들에 적용해보는 것이 유용할 수 있다. 그래서 본 서문의 서두에서 제기된 "조절이론은 지난 20년 동안 정형화된 주요 사실들을 어떻게 이해하고 있는가"라는 물음에 답해보고자 한다.

1990년대 아시아의 호랑이라고 불렸던 나라들은 이른바 신흥국들이 2000년대 이후 세계경제의 동학을 이끌어갈 것이라는 예상의 근거가 되었다. 표준 이론들은 이들의 등장을 단순한 기술 추격의 산물로 간주하지만, 조절이론의 관점에서 보면 그것은 북미, 유럽 또는 라틴 아메리카에서 관측되었던 것과는 상이한 자본주의 새로운 유형의 출현에 다름 아니다. 조절이론의 분석틀은 원래 구 공업국 경제들만 대상으로 하고 있었지만 제도적 구도의 다양성을 인정하는 분석틀의 유연성 덕분에 신흥국 경제들의 분석에도 확장, 적용될 수 있다.

중국 축적체제의 부상을 일본, 대만 또는 한국의 역동성을 시차를 두고 재현한 것으로 볼 수는 없다. 왜냐하면 중국은 국내 차원에서 정치권력과 생산적 축적 간의 상호작용에서 아주 독창적인 형태를 시행하고 있으며, 더욱이 그 경제의 규모가 세계경제의 동학마저 변화시킬 정도로 크고, 대다수 다른 경제들에서 볼 수 있는 금융 지배 현상이 나타나지 않은 예외적인 나라이기 때문이다. 이와 동시에 조절이론은 격화된 경쟁에 의해 관장되는 축적체제를 결국 대위기로 이끌어갈 수 있는 다양한 불균형들이 이 대륙 경제의 내부에서 이미 나타나기 시작했다는 점도 명시하고 있다.

1997년의 아시아 나라들의 위기는 더 이상 어떤 후진성의 표현이 아니라 국제금융이 생산적 논리에 기초한 축적체제들을 불안정하게 만들 수 있는 힘을 가지고 있음을 예고해주는 것으로 해석된다. 미국의 위기는, 어떤 의미에서는 그리고 부분적으로는, 그 원인이 중국, 일본, 독일은 물론 산유국이나 원자재 수출국 등 무역수지 흑자국들로부터 막대한 자본이 유입되고 있다는 사실에 기인한다. 미국이 아직은 이러한 세계 저축의 막대한 회수를 경험하지 않고 있다면, 그것은 미국 달러가 그 한계를 드러내고는 있지만 여전히 기축통화의 역할을 수행하고 있기 때문이다. 그러나 이 다모클레스의 칼, 즉 해외저축에

표 2 경제에 관한 두 이론의 적실성 비교

	표준 이론	조절이론
아시아 호랑이 나라들의 성장	기술 추격	자본주의의 새로운 유형
중국의 성장	국가는 성장의 장애물	지방 차원의 여러 조합주의들 간 경쟁에 의해 추동된 성장
1997년 아시아 위기	국내의 금융 규제의 부적절성	자본 개방의 부작용과 금융의 불안정화 역할
서브프라임 위기	외부에서 기인한 불운한 사고	금융혁신에 의해 추동된 축적 위기
유로존 위기	고정환율과 완전한 자본이동 체제 하에서의 공공재정의 무절제한 운용	단일한 통화정책과 국가별 조절양식 및 성장체제의 다양성 사이의 제도적 부정합성

의해 지탱되는 성장의 취약성 때문에 미국 경제는 위기 탈출 전략을 구상하는 데 어려움을 겪고 있다. 여기서 현 위기의 전개에 관한 비교 분석적 접근이 갖는 이점을 간략히 살펴보자.

조절이론적 접근에서 보면 서브프라임 위기는 이 책 제4장에서 확인할 수 있듯이 예상치 못한 사고가 아니었다. 조절이론은 금융혁신 주도 축적체제의 이론화를 통해 2000년대 초부터 이 모델의 논리를 파악할 수 있었고, 이 모델이 장기적으로 지속 가능하지 않다는 것도 알아챘다. 그리고 1980년대 일본 경제의 거품이 초래한 결과를 분석해보면 일본의 잃어버린 10년과 현재 민간주체들의 고통스럽고 장기간에 걸친 탈채무화로 특징지을 수 있는 미국의 경로 사이에 존재하는 유사성을 밝힐 수 있을 것이다.

끝으로, 유로존 위기는 단지 국제 자본의 자유로운 이동하에서 되돌릴 수 없는 고정환율 시스템과 재정적자의 누적이 양립 불가능하기 때문에 발생한 것은 아니다. 이 위기는 오히려 유럽 차원과 국민국가 차원 사이에 권한의 배분과 관련된 제도들의 미성숙과 부정합성에서 기인한 것이다. 금융적, 경제적, 사회적 및 정치적 요인들이 서로 얽혀 있는 상황이 위기 극복을 유달리 불확실하게 만들고 있는데, 이 점은 신고전파 거시경제학 지지자들이 꾸준히 발전시켜온 '좋은 관리'라는 용어를 사용하는 기술관료적 접근과는 상충되는 현상이다.

양차대전 중간기와 마찬가지로 현 위기가 매우 심각한 양상을 보여주고 또 단기에 그치지 않고 있기 때문에 경제이론들의 현대화aggiornamento가 요청되고 있다. 조절이론은 나름의 고유한 방식으로 이 요청에 부응하고 있으며, 신고전파 경제학이 교착상태에 빠져 있음을 확신하는 모든 학파들이 유익한 토론을 전개할 수 있는 장으로서의 역할을 하고 있다. 이 거대한 작업장에 마르크스주의자, 케인즈파 경제학자, 포스트 케인즈파 경제학자, 네오 슘페터주의자, 사회경제학자, 신정치경제학자들이 동참하고 있다.

6. 아시아 자본주의 경제의 역동성과 이들 간의 관계

독자들이 자본주의 유형의 다양성 쇄신이라는 중심 테제에 찬동한다면 한국을 비롯한 아시아 경제들이 경험한 주요 변형들을 설명하는 데에 이 책에서 제시한 방법론적 도구들을 사용해볼 필요가 있다. 아시아 나라의 연구자들은 오랫동안 이러한 연구 프로그램을 수행해왔으며, 또 주목할 만한 독창적인 성과물을 다수 생산했다. 다음의 참고문헌에는 아시아 자본주의의 다양성과 역동성을 밝혀주는 작업들 중 몇 개가 수록되어 있다. 이 작업은 국제협력이 필요한 프로젝트이고, 아시아의 경제적 통합 과정의 미래에 관한 문제가 제기되고 있는 만큼 국제 공동연구의 필요성은 더욱 크다. 아시아의 통합 과정이 어떤 형태로든 정치적 합의와 제도적 조정 없이 이루어질 수 있을까? 이 점에서 유럽 건설의 선례는 숙고의 대상이 될 만한 가치가 있다 하겠다.

2013년 2월

로베르 부아예

참고문헌

BOYER Robert (2005), "European Monetary Union and its Implication for Asia", in MOON Woosik, Bernadette Andreosso-O'Callaghan, *Regional Integration: Europe and Asia Compared*, Ashagate, Chippenham (UK), p. 97-133.

_____(2011a), "The Chinese growth regime and the world economy", in BOYER, UEMURA, ISOGAI (eds), *Diversity and transformations of Asian Capitalisms*, Routledge, London, p. 184-209.

_____(2011b), "A new epoch but still diversity within and between capitalism. China in comparative perspective", in Christel Lane and Geoffrey T. Wood (eds), *Capitalist Diversity and Diversity within Capitalism*, Routledge, Abingdon, p. 32-68.

_____(2011c), "Asian capitalism and regional integration after the subprime crisis", *Journal of Northeast Asia Development*, Vol. 13, December,

Northeast Asia Development Institute University of Incheon (Corée), p. 1-16.

_____(2012), *Overcoming the institutional mismatch of the Eurozone. Undetected by conventional economics, favored by nationally focused politics, fuelled and then revealed by global finance*, Yokohama International Conference *"Asian Economic Integration in Transition: Learning from European Experiences"*, August 21 and 22. Forthcoming in Japanese Fujiwara Shoten, 2013.

_____, UEMURA Hiroyasu and ISOGAI Akinori (eds) (2011a), *Diversity and transformations of Asian Capitalisms*, Routledge, London, 2011.

_____, YAMADA Toshio (eds) (2000), *Japanese Capitalism in Crisis*, Routledge, London.

HARADA Yuji and TOHYAMA Hironori (2011), "Asian capitalisms: Institutional configurations and firm heterogeneity", in BOYER, UEMURA, ISOGAI (eds), *op. cit.*, Chapt. 13.

KIM Hyungkee (2011), "The great transformations in the Korean economy since 1962: processes and consequences", in BOYER, UEMURA, ISOGAI (eds), *op. cit.*, p. 229-239.

NISHI Hiroshi (2011), "A VAR Analysis for the Growth Regime and Demand Formation Patterns of the Japanese Economy", *Revue de la Régulation*, Vol 10, 2ème semester.

OK Wooseok (2002), *Echanges internationaux de biens d'équipement, capacité d'absorption et rôle de l'Etat dans le développement économique*, Thèse EHESS, Paris, Mars.

OK Wooseok and YANG Junho (2011), "The Korean economy between two economic crises: hybridization or convergence towards a market-led economy?", in BOYER, UEMURA, ISOGAI (eds), *op. cit.*, p. 209-228.

SEO Hwan Joo (1998), *Diversification industrielle et changement du système d'apprentissage: le cas de l'économie coréenne*, Thèse EHESS, Paris, Juin.

SONG Lei (2011), "Development mode and capability building in the age of modularization and regional integration: origins of structural adjustments of Chinese economy", in BOYER, UEMURA, ISOGAI (eds), *op. cit.*, p. 131-142.

UEMURA Hiroyasu (2011), "Institutional changes and the transformations of the growth regime in the Japanese economy: facing the impact of the world economic crisis and Asian integration", in BOYER, UEMURA, ISO-GAI (eds), *op. cit.*, p. 107-127.

WANG Jian, NAGENDRA Shrestha and UEMURA Hiroyasu (2011), "Chinese international production linkages and Japanese multinationals: evolving industrial interdependence and coordination", in BOYER, UEMURA, ISOGAI (eds), *op. cit.*, p. 143-164.

YAN Chengnan (2011), "Analysis of the linkage effect in Chinese export-led growth: according to the subdivisions of Asian international input-output tables", in BOYER, UEMURA, ISOGAI (eds), *op. cit.*, p. 165-183.

서론

대부분의 현대 경제이론은 '시장경제'가 직면하고 있는 제반 문제를 집중적으로 다루고 있다. 경제학자들은 밀턴 프리드먼Milton Friedman 으로 대표되는 시카고학파처럼 시장경제가 가진 탁월한 장점들을 자랑하기에 여념이 없거나, 조셉 스티글리츠Joseph Stiglitz로 대변되는 네오 케인지언(신케인즈학파) 처방에 의거하여 시장경제의 결함을 교정해야 한다고 주장한다. 그러나 이 두 학파 모두에게 시장이란 동등하다고 간주되는 주체들 간의 경제적 조정이 이루어지는 표준적인 형태이다. 케인즈 전통에서처럼 국가가 시장의 결함을 교정할 수 있음은 분명하지만, 완전경쟁시장이 이상적인 시장의 상태로 전제되는 한 국가 개입은 임시방편에 불과한 것으로 간주된다.

자본주의를 준거로 삼는다는 것은, 마르크스의 용어를 빌려 말하자면, 자본주의 생산양식을 소상품생산경제의 생산양식과 구별한다는 것을 의미한다. 어떤 경제를 자본주의로 규정하기 위해서는 상품 생산자들이 경쟁을 한다는 사실만으로는 부족하다. 사실 자본주의의 기본 경제단위인 기업에서는 소상품생산경제에서와는 전혀 다른 사회적 관계가 나타난다. 자본주의의 사회적 관계는 노동자들이 임금을 지급받는 대신에 기업가나 그로부터 경영을 위임받은 경영자의 권위에 복종하는 생산관계이다. 이러한 사회적 관계가 순수한 상품관계와 동일시될 수 없는 까닭은 그것이 전형적인 시장의 작동에 전제되는 수평적 관계와는 대비되는 위계적 복종을 함의하고 있기 때문이다.

자본주의의 사회적 관계가 갖는 이러한 특징은 새로운 미시경제이론들에 의해 인정되고 있다. 이 이론은 노동계약의 특징으로 정보의 비대칭성, 역선택, 도덕적 해이를 강조한다. 그러나 이들의 분석은 중장기적 거시경제 변동의 분석으로 이어지지는 않는다. 그런데 자본주의라는 개념은 경쟁관계와 임노동 생산관계의 상호작용이 단순상품경제에 대한 관점을 어떻게 전복시키는지를 강조해준다는 이점을 가지고 있다. 사실, 소상품생산의 목적은 화폐를 매개로 상품의 생산 및 유통을 통해 그 필요를 충족시키는 데 있다. 반면 자본주의에서는 자본축적의 법칙이 지배하며, 그래서 상품의 생산은 마르크스의 표현을 빌리면 '스스로 가치를 증식시키는 가치'인 자본의 순환 과정의 한 국면에 지나지 않는다.

1. 마르크스주의 계보

조절이론은 이러한 마르크스주의의 이론적 전통을 계승하면서도『자본론』의 분석을 수정하거나 확장하고자 한다. 이를 위해 경제학자들의 '현대적 방법론'을 채용함과 동시에 19세기 말 이래 '자본주의가 겪어온 변형들'로부터 도출된 교훈들을 활용한다.

사실 이윤율의 경향적 저하의 법칙은 마르크스의 가정들로부터 논리적으로 도출되는 것은 아니다. 왜냐하면 이 경향은 수많은 반反경향들에 의해 그 실현이 저지되기 때문이다. 조절이론은 축적체제의 개념과 축적체제에 관한 다양한 정식화를 통해 자본주의가 제공하는 자극 및 제약과 양립할 수 있는 다양한 전개 양상을 도출한다.

조절이론이 영감을 받은 두 번째 원천은 자본주의 장기 역사와의 만남이다. 장기 역사에 주목함으로써 한편으로 상인, 생산자, 은행가, 금융가, 국가 간의 관계가 얼마나 큰 변화를 겪어왔는지 알 수 있었다. 이러한 변화를 무시하고 경제 이론을 세운다는 것은 어불성설일 것이다. 다른 한편으로 20세기의 역사는 수많은 교훈을 제공해줌과 동시에 그만큼 많은 의문도 제기했다. 예컨대 1929년 위기의 비전형적인 성격을 어떻게 설명할 것인가? 이와는 '반대로' 제2차 세계대전 이후의 놀랄 만한 성장은 또 어떻게 설명할 것인가? 그런데 1960년대 말부터는 왜 그러한 선순환이 멈추고 위기가 시작되었는가? 게다가 그 이후 미국, 유럽, 일본, 그리고 특히 최근에는 중국이 매우 다양한 경로를 따라 성장하게 되면서, 불변의 단일 생산양식에 관한 분석이 현대 자본주의가 보여주는 다양한 형태를 설명하려는 시도로 바뀌게 되었다.

2. 조절이론의 일곱 가지 질문

이처럼 조절이론은 영광의 30년간의 성장이 정체하게 된 원인이 무엇인가 하는 질문에서 출발했지만 다음 두 요소의 영향을 받아 분석 영역을 점차 확장해왔다. 한편으로는 방법론과 '기본 개념들이 발전'해감에 따라 새로운 의문과 애로사항이 동시에 나타났다. 예를 들어 성장체제의 존립과 불안정화를 동시에 보여주는 정식화는 가능한 것일까? 혹은 자본주의의 새로운 유형들의 등장을 설명하는 요인들을 파악할 수 있게 해주는 수단은 무엇인가? 그리고 다른 한편으로는 지난 세기 마지막 25년간의 '경제 및 금융의 역사'도 일단의 새로운 현상들을 보여주었다.

예컨대 소비에트 경제체제의 붕괴와 금융 위기의 빈발은 이미 해결된 것으로 치부되었던 '자본주의란 무엇인가?'라는 질문을 다시금 제기했다. 자본주의의 장점과 단점이라는 주제에 대해서 수많은 사람들, 이를테면 국제 금융 투자가(Soros, 1998), 프랑스의 대기업가(Bébéar, 2003) 혹은 금융 전문가(Rajan, Zingales, 2003) 등이 자신의 생각을 제시한 바 있다. 경제학자들은 국제화의 충격에 비판적인 시선을 돌렸고, 조셉 스티글리츠는 자본주의들의 수렴 가설에 의심을 품기까지 했다(Stiglitz, 2002 및 2003). 이토록 많은 질문들 중 조절이론의 핵심질문과 일치하는 것만 몇 개 들어보면 다음과 같다.

① 자본주의 경제의 성립을 위해 필요충분한 기본 제도에는 어떤 것들이 있을까?
② 이러한 제도들의 배합이 동태적 안정성을 가진 경제적 조정 과정을 낳기 위해 필요한 조건은 무엇인가?
③ 이미 성공을 거둔 성장체제 내부에서조차 주기적으로 위기가 발생하는 현상을 어떻게 설명할 것인가?
④ 자본주의의 제도들을 변화시키는 힘은 무엇인가? 즉 대부분의 경제

이론이 전제하듯이 선별과 효율성에 의해서인가, 아니면 정치의 역할이 결정적인가?

⑤ 자본주의의 위기들이 연속적으로 발생하고 있음에도 왜 그 진행 형태는 동일하지 않은 것일까?

⑥ 자본주의의 다양성에도 불구하고 그 모든 유형의 존재 및 지속 가능성을 분석할 수 있는 수단은 있는 것일까?

⑦ 조절양식과 그 위기의 형태를 동시에 분석하는 것은 가능한 것일까?

3. 종합적 개관

위 질문들이 바로 이 책이 다루고 있는 주제들이다. 이 책은 우선 조절양식의 밑바탕을 이루는 제도 형태에 대한 두 가지 접근 방식을 소개할 것이다. 첫 번째는 고전파 정치경제학에서 출발하여 일반균형이론으로 승화한 우파적 전통의 접근법이다. 이 접근법을 여기서 다루는 까닭은 시장경제에 숨겨진 제도들을 명백히 드러내기 위해서다(제1장). 두 번째는 재생산 도식이라는 마르크스의 유산에 대한 비판적 평가로부터 출발하는 조절론적 접근인데, 여기서 조절양식은 몇 가지 제도 형태들의 결합으로 정의된다. 이를 통해 이런 특정한 조절양식의 지속 가능 여부는 정해져 있지 않다는 점이 강조되고, 그래서 위기의 개념이 조절 개념을 보완하기 위해 도입될 것이다. 나아가 역사적 분석을 통해 서로 대조적인 조절양식들이 연이어 등장했다는 점도 다루어질 것이다(제2장).

제도 형태들의 역할은 단순히 단기 및 중기적 차원의 조정에 필요한 조건을 규정하는 데 그치지 않는다. 왜냐하면 제도 형태들은 축적의 조건을 결정할 뿐만 아니라 결과적으로 장기 성장체제도 규정하기 때문이다. 장기 균형은 기술이 제공하는 선택영역과 그에 직면한 소비자들의 선호에 의해서만 [즉 제도들과는 상관없이—옮긴이] 결정된다고 가정되고 있지만, 사실 제도들이 이러한 장기 균형에 단순히 교란만 야기하는 그런 요소는 아니다. 따라서 장기 역사적 분석들로부터 축적체제의 다양성이 다시 한 번 강조될 것이다(제3장).

대부분의 경제 이론들이 위기라는 개념을 거의 또는 전혀 중시하지 않지만, 조절이론은 조절양식의 특징과 이를 불안정에 빠뜨리는 내생적 요인을 동시에 분석한다는 특징을 갖는다. 게다가 위기들은 적어도 다섯 가지 형태를 띨 수 있다. 위기 형태들의 구별 못지않게 중요한 것은 조절양식이나 축적체제의 위기를 야기할 수 있는 몇 개의 메커니즘을 밝히는 것이다. 이 작업은 현재 등장하고 있는 새로운 체제들의 지속 가능성을 분석하는 계기가 될 수도 있다(제4장).

우선, 대위기들로 인해 기존의 경제 결정론의 무력성이 분명하게 드러났기 때문에 다른 요인들, 특히 정치적 요인이 새로운 조절양식의 성립으로 이어질 수 있는 제도적 타협을 가능하게 하는 필수 요인으로 보인다. 따라서 새로운 조절양식의 등장을 특징짓는 요인이 무엇인지를 밝히기 위해서는 전혀 다른 분석 도구가 동원되어야 한다는 것이다. 둘째, 종종 세계화globalization로 규정되기도 하는 국제화internationalisation가 자본주의의 표준 형태인 시장 자본주의로의 수렴을 의미하는 것은 아니라는 점이다. 이로부터 조절의 수준에 관한 질문도 제기되는데, 그 수준은 일국적 수준에서부터 경제통합에 따른 국제 지역적 수준을 거쳐 전세계적 수준에 이르기까지 다양하다.

보론 1 · 조절이론에 대한 몇 가지 오해

경제학자들이 영미식 용어법을 별 조심성 없이 채택하는 바람에 조절
이론에 관한 '오해'가 자주 발생하고 있다. 그래서 책의 서두에서 이에
대한 주의를 환기시켜둘 필요가 있다. 오늘날 국제 문헌들은 조절이
란 용어를 정부가 공공 서비스의 운영을 민간 기업들에게 맡긴 후 독
립적인 '규제기관agences de régulation'을 설립해 그들을 규제하는 현
상을 의미하는 것으로 사용하고 있다. 실제로 규제기관의 수가 증가
해왔고, 방송 규제 위원회, 통신 규제 위원회 혹은 금융 규제 당국 등
이 그 사례들이다.

조절이론에 관한 이러한 오해는 사람들이 한편으로는 "'선험적으
로' 독립적인 제도화된 타협이 어떻게 하나의 지속 가능한 체제를 규
정하게 되는가"라는 질문을 중심으로 하는 조절이론의 분석과, 다른
한편으로는 규제의 입법화나 계약의 교섭을 통해 정부 기구의 특권을
민간에 위임하라는 규범적 권고를 혼동하면서 절정에 이르게 되었다.
요컨대 이러한 혼동은 영어의 '레귤레이션regulation'이 불어에서와는
달리 '조절'이 아니라 규제(불어로는 '레글르멍타시옹réglementation')를
의미한다는 사실에 기인한 것이다.

이러한 혼동은 실은 이미 오래전부터 존재해온 것이다. 프랑스에서
조절은 제도를 설계하고 운영하는 자, 즉 시스템 엔지니어로서의 국
가 활동의 결과로 인식되었다. 제도주의자들의 연구에 따르면 영광의
30년 시기에 시행되었던 케인즈식 규제 정책은 당시의 조절양식을 구

성하는 요소의 하나였다. 케인즈식 규제 정책과 대칭을 이루는 규제 완화 정책—불어로는 데레귈라시옹dérégulation이 아니라 데레글르멍타시옹déréglementation—은 완전경쟁시장으로의 복귀를 용이하게 만들어줄 것으로 해석되었다.

끝으로, 분석 수준에 관한 혼동의 문제가 있다. 제2차 세계대전 이후의 성장 모델은 자유방임적인 국제적 분위기 속에서 개별 국민국가에 고유한 타협을 기반으로 하고 있었다. 많은 조절이론 연구들이 일국 수준의 분석에 집중하게 된 것은 바로 이 때문이었다. 오늘날에는 국제화와 금융화의 영향력이 커졌지만 그렇다고 해서 조절이론이 적실성을 상실한 것은 아니다. 왜냐하면 조절이론은 지방, 국가, 여러 국가에 걸친 지역, 세계 등 어떤 분석 수준을 선택하는 것이 적절한가에 대해서는 확정된 입장이 없고 열려 있기 때문이다. 이러한 관점에서 볼 때 유럽 건설의 문제는 조절이론이 괄목할 만한 발전을 이룰 수 있는 연구대상이 될 수 있다.

제1장

자본주의 경제의 기초: 제도 형태

먼저 자본주의 경제의 기본 제도들에 대해 의문을 던져보는 것이 좋겠다. 그런데 현대의 제도에 관한 연구들이 제시하는 제도의 정의는 매우 다양해서 상황에 따라 규범, 가치, 협약, 법적 규율, 조직, 네트워크, 국가 등등으로 해석된다. 이처럼 통일된 공통의 속성을 찾기 어려울 정도로 다양한 용어가 나열되고 있다는 것 자체가 이 용어들의 수만큼이나 다양한 조정 메커니즘이 시장 대신에 작동하고 있다는 것을 의미하는 것은 아닐까. 그렇다면 제도경제학을 위한 좀 더 견고한 기반을 발견할 수는 없는 것일까?

이 의문에 대한 답은 다른 사회과학 분야와 마찬가지로 경제학의 기본이 되는 다음과 같은 의문에 대한 답에서 찾을 수 있다. 그것은 "왜 사적 이익을 추구하는 자율적인 개인들 간의 경쟁이 무질서 상태에 빠지지 않는 것일까"라는 의문이다. 일반균형이론도 이에 대한 답을 제시했지만, 그로부터 우리가 얻은 교훈은 시장경제의 지속적인 발전은 단지 일반균형이 성립되기 위한 분석적 조건(외부효과 및 공공재의 부

재, 공평성이란 가치판단으로부터 경제 효율성의 분리 등)만이 아니라 화폐
제도, 제품의 질, 경쟁조직 등 숨겨져 잘 보이지 않는 제도의 존재에
도 달려 있다는 것이다. 이 외에도 다른 여러 제도들이 나열될 수 있
는데, 놀랍게도 그 속에서 조절이론의 핵심적인 제도 형태들이 대부
분 발견된다.

1. 정치경제학으로의 복귀

경제학은 경제활동이 봉건적 전통이 살아 있는 사회관계 및 정치로
부터 수 세기에 걸쳐 점차 자율성을 획득해가는 과정 속에서 학문으
로 출현했다. 이 시점에 자신의 이익을 추구하는 개인주의적 경제주
체라는 인간상이 출현하게 되는데, 이로부터 근대성의 핵심에 위치하
면서 어떤 의미에서는 사회과학의 기반을 이루는 다음과 같은 의문이
제기될 수밖에 없다. 그것은 오로지 사적 이익만 추구하는 개인들 간
의 경쟁과 갈등이 무질서, 혼돈, 무정부상태로 귀착되는 것은 아닐까
하는 의문이다.

정치철학도 정치경제학도 이 의문에 답하려는 시도와 더불어 구축
되었고, 현대의 대부분의 연구에서도 여전히 암묵적으로건 명시적으
로건 이 의문에 답하려는 시도가 이루어지고 있다(그림 1 참조).

그런데 이 의문에 대해 사상가들은 이미 오래전부터 두 개의 상반
되는 해답을 제시해왔다.

그림 1 정치경제학 핵심 문제의 발전 과정

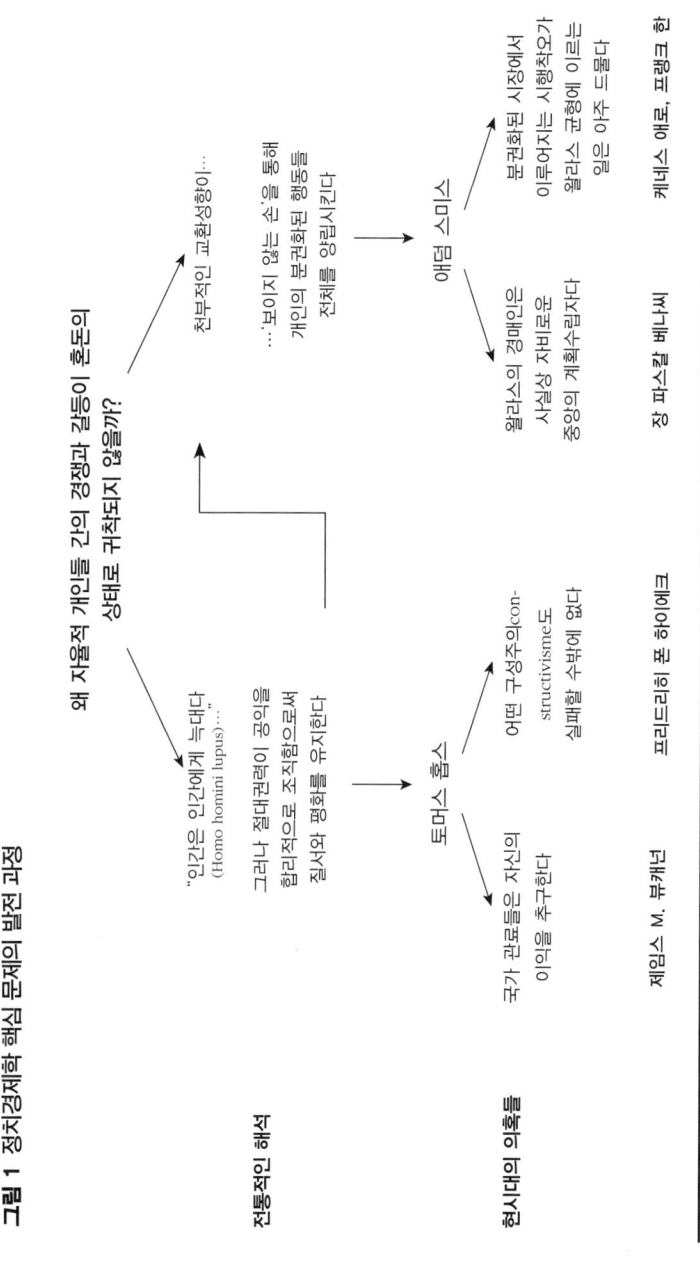

왜 자율적 개인들 간의 경쟁과 갈등이 혼돈의 상태로 귀착되지 않을까?

전통적인 해석

"인간은 인간에게 늑대다
(Homo homini lupus)…"

그러나 절대권력이 공익을
합리적으로 조직함으로써
질서와 평화를 유지한다

토머스 홉스

전부적인 교환성향이…

…'보이지 않는 손'을 통해
개인의 분권화된 행동들
전체를 양립시킨다

애덤 스미스

현시대의 해석들

국가 관료들은 자신의
이익을 추구한다

어떤 구성주의도con-
structivisme도
실패할 수밖에 없다

프리드리히 폰 하이에크

제임스 M. 뷰캐넌

월라스의 경매인은
사실상 자비로운
중앙의 계획수립자다

장 파스칼 베나시

분권화된 시장에서
이루어지는 시행착오가
월라스 균형에 이르는
일은 아주 드물다

케네스 애로, 프랭크 한

토머스 홉스에서 애덤 스미스까지

17세기 정치사상가 토머스 홉스Thomas Hobbs는 인간의 이기적인 경쟁이 '만인에 대한 만인의 투쟁' 상태를 만든다고 보았다. 이러한 이기심은 사회를 혼란스럽게 만들고 오직 국가권력만이 사회의 평화를 유지할 수 있다고 주장한다. 따라서 질서를 부여하는 '국가'의 형성은 이기적인 개개인들로 구성된 사회나 경제의 존립을 위한 첫 번째 조건이 된다.

한편, 애덤 스미스Adam Smith의 생각은 이와 전혀 다르다. 그는 물물교환과 '교환'에 대한 인간의 '자연적인 성향'을 강조한다. 분업이 활성화되고 통화질서가 구축돼 있으면 비록 개인들이 자신의 이익을 추구하는 행동을 할지라도 '시장 체제'는 국부를 증진할 수 있다고 본다.

정치경제학은 시작부터 이렇게 두 개의 이론이 대립하면서, 개인의 이익추구로 생겨나는 경쟁과 갈등 조정을 위해 때로는 국가가, 때로는 시장이 필요하다고 주장한다. 이를 둘러싼 논쟁은 마르크스주의의 전통적인 자본주의 시기 구분에 따라 상업자본주의, 산업자본주의, 금융자본주의로 자본주의 발전단계가 바뀔 때마다 더욱 격렬하게 전개되어왔다. 현재 우리가 살고 있는 시대에도 논란이 계속되고 있지만, 사회과학의 발전으로 토머스 홉스나 애덤 스미스식의 단순한 해법은 의문시되고 있다. 스미스가 말하는 개인이 '경제인homo oeconomicus' 만을 의미하는 것이 아니라 도덕적 인간형도 내포하고 있다는 점에서 더욱 그러하다.

시장 낙관주의 대 개인주의 원리

제임스 뷰캐넌James Buchanan 등이 방법론적 개인주의(보론 2 참조)를 정치 영역에 적용하여 발전시킨 '공공선택 이론'은 정치인과 행정가들이 국가 업무를 수행함에 있어 사회 전체의 공익보다는 자신들의 이익을 추구한다고 본다. 국가 개입과 부패 그리고 경제적 비효율성을 연계시키는 수많은 분석들과 더불어 공공선택 이론은 현대 자본주의 사상에 영향을 미쳤다.

보이지 않는 손은 분권화된 경쟁시장의 은유적 표현이라 할 수 있다. '일반균형이론의 발전'은 보이지 않는 손의 기초가 되는 직관을 부인하기에 이른다. 레옹 왈라스Léon Walras는 이 직관을 수학적으로 정식화함으로써 어떤 조건하에서 시장의 균형이 존재할 수 있는지, 그리고 어떤 조건하에서 이 균형이 시행착오의 과정을 거쳐 도달될 수 있는지를 밝혀낼 수 있었다. 그런데 여기에는 이중의 오류가 있다.

한편으로, 수학의 고정점固定點 정리의 엄격한 정식화는 차치하고 기본 가정들만 명시적으로 주어져 있다 하더라도, 분권화된 개별 행동들을 조정하는 가격 시스템이 존재할 수 있는 것은 오직 모든 정보가 하나의 자비로운 주체에게로 집결되고, 주체들 간의 거래가 모두 이 중개인을 통해 통합적으로 이루어지는 경우밖에 없다는 결론이 당연히 도출된다. 간단히 말해서, 일반균형이론은 중앙집권화된 시스템을 정식화한 셈이다. 역설적으로 케네스 애로Kenneth Arrow, 프랭크 한Frank Hahn 및 제라르 드브뢰Gérard Debreu 같은 경제학자들은 생산이 가격 시스템에 의해 조정되는 시장사회주의경제가 사실상 가능하다는 것을 보여주었다.

다른 한편으로, 이처럼 극히 특수한 틀에서조차 경제가 시장균형

상태로 수렴되는 것은 모든 제품이 조대체성을 가진다는 것과 시장들이 거의 상호의존적이지 않다는 것, 이 두 가지 조건 중 하나 이상이 충족될 때에만 가능하다. 그런데 이 조건들 중 어느 것도 '실제 경제'에서는 충족되지 않는다.

두 세기에 걸친 개인주의 사회—및 시장경제—에 대한 숙고는 신랄한 역설을 드러내준다. 방법론적 개인주의는 상대적으로 짧은 역사를 가진 자본주의가 지배하는 사회가 보여준 생명력과 저항력을 설명해주지 못한다. 이 실패는 논리적인 관점에서 볼 때 시장경제의 존립에 필수불가결한 제도들의 중요성과 다양성을 부각시킨다. 하물며 그것이 자본주의 시장경제라면 더욱 그러하다. 이러한 제도들의 중요성은 경제의 역사 자체로부터 재삼 확인되고 있다.

보론 2 · 방법론적 개인주의란?

방법론적 개인주의methodological individualism는 개인행동을 매개로 경제나 사회 현상을 이해하려는 사회과학 방법론이다. 현대 이론에서 방법론적 개인주의는 주체들이 합리적 행동의 원리에 따라 행동하는 것으로 간주하고, 집합적 결과들은 이러한 합리적 주체들 간의 상호작용으로부터 나오는 속성으로 보는 방법론이다. 또한 방법론적 개인주의는 단순하고 추상적인 모델을 동원하여 개인 간의 상호작용으로부터 모든 집단체의 등장을 보여주려 한다. 이러한 접근 방식은 유독 경제학에서 많이 사용되지만, 사회학이나 정치학 혹은 역사적 접근 방법에서도 만나볼 수 있다. 이러한 관념에 따르면 제도, 협약, 규칙, 관습 등은 사회적 정체성이 전혀 없는 주체들이 참가하는 게임의 균형상태로 간주된다. 그런데 이러한 관념은 모든 게임이 경기자들에 의해 수락된 규칙에 따라 운영되며, 그래서 게임은 이미 그 속에 있는 것으로 가정되는 어떤 집단재에 대해 열려 있다는 점을 간과하고 있다. 이러한 집단재로는 무엇보다 경기자들 간의 의사소통을 가능케 하는 언어를 들 수 있다.

게다가 이러한 관념은 다양한 (분석) 수준에 반복해서 적용될 수 있는 절차에 따라서, 몇몇 규칙의 잘 알려진 사실로부터 제도의 출현을 설명하고자 하는 연구자들에 의해 받아들여지고 있다(Aoki, 2002).

이러한 이유로 전체주의적 개인주의hol-individualism라는 개념이 재도입된다. 이는 거시와 미시를 접합시키려는 방법론으로, 거시를 개인행동과 동등한 것의 결과라고 여기는 전체주의 방법론holism과 집단적이거나 사회적인 기준을 인정하지 않는 순수한 방법론적 개인주의 방법론을 모두 극복하려는 개념이다. "이러한 접합은 거시제도적 수준과 미시제도적 수준 사이에서 이루어진다. 전자의 수준에서는 개별 행동들이 제도를 형성하고, 후자의 수준에서는 개별 행동이 주어진 제도 환경 속에서 이루어진다. 그러므로 거시적 단계에서는 제도적 행위자의 행동이 규율에 영향을 미치지만 미시적 단계에서는 행위자들이 주어진 규율의 테두리 안에서만 행동한다(Defalvard, 2000)." 이러한 접근은 모든 집단적 조직 형태에 대해 개인주의적 근거를 발견하고자 하는 무한 역행을 회피할 수 있고, 제도들이 형성되는 시기와 일상적인 경제주체들의 의사결정에 제도들이 영향을 미치는 시기를 혼동하지 않도록 해준다.

2. 시장경제의 배후에 있는 제도들

'시장이라는 비서'가 왈라스를 계승한 이론가들이 그에게 부여한 역할을 제대로 수행할 수 없다면 어떤 기구가 완전히 분권화된 교환을 책임질 수 있을까?

첫 번째 기본제도, 화폐제도

'화폐'가 시장경제의 기본이 되는 제도임은 명백하다(그림 2 참조). 좀 더 자세히 말해서, 현대 경제에서는 네트워크로 연결된 은행들이 기업과 소비자에게 대출을 한다. 화폐는 상품들 간의 거래를 가능하게 하고, 이 거래행위 덕분에 차기에 점진적인 대출 상환이 가능해진다. 그러나 각 시기마다 경제주체들의 개별 수지는 물론 그들의 구좌를 은행별로 합친 수지도 균형을 이루지 못하기 때문에, 은행들의 적자와 흑자 조정을 위해 은행 간 대출시장이 성립될 수 있다. 이러한 은행 간 대출시장은 모든 은행들에게 동시에 타격을 가하는 충격으로 인해 시장에 유동성이 고갈되는 일이 벌어지지 않는 한 효과를 거둘 수 있다.

여기서 우리는 위험에 처한 은행들에게 필요한 유동성을 공급해줄 사보험을 고려해 볼 수 있다. 하지만 이 메커니즘이 소수의 은행들을 위험으로부터 구해주는 데는 확실한 효과가 기대되지만, 은행들이 동시에 부실화됨으로써 생기는 시스템 위기를 막기에는 역부족이다. 바로 이러한 이유로 최종 대출자 역할을 하는 중앙은행이 불가결하다는 원리가 결국 현실화될 수밖에 없었다. 화폐발행이 전통적으로 공채 등을 통한 재융자를 위해 실시되어왔던 것 역시 이 때문이다.

화폐의 역사 뿐만 아니라 금융 안정의 조건에 관한 분석도 위계화된

그림 2 왈라스의 경매인 모형에서 화폐를 매개로 하는 분권화된 교환으로

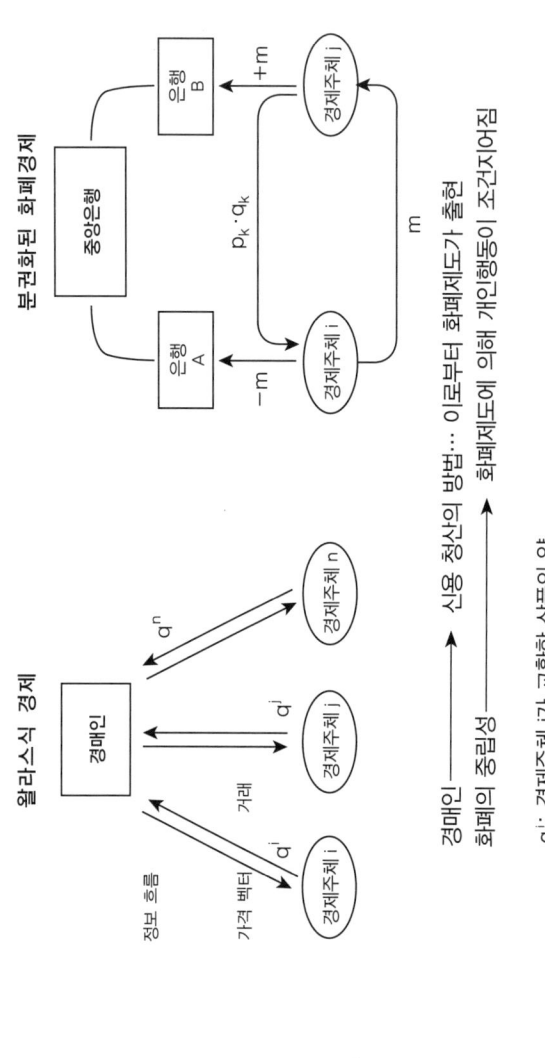

왈라스식 경제

경매인

정보 흐름

가격 벡터 ← 거래 →

경제주체 i q^i
경제주체 j q^j
경제주체 n q^n

분권화된 화폐 경제

중앙은행

은행 A   은행 B

경제주체 i $-m$
경제주체 i $+m$

$p_k \cdot q_k$

m

경매인 ────▶ 신용 청산의 방법… 이로부터 화폐제도가 출현

화폐의 중립성 ━━▶ 화폐제도에 의해 개인행동이 조건지어짐

q^i: 경제주체 i가 교환한 상품의 양
P_k: 상품 k의 가격
m: 거래액

금융제도를 권장한다. 이러한 금융제도에서는 '중앙은행'이 '법화'(법정화폐, legal tender)의 발행을 관장하고 민간은행들은 신용화폐〔예금화폐—옮긴이〕를 창조한다. 결국 이런 시스템하에서는 중앙은행 총재가 경제 전반에 나타나는 불균형들을 집결시켜 조정한다는 점에서 마치 '시장이라는 비서'와 같은 역할을 수행하게 된다.

우리는 결제 및 신용 시스템의 관리에 관한 일군의 규칙을 '통화체제'라 부를 것이다. '체제'라는 용어를 사용한 까닭은 화폐적 제약과 결제 시스템상의 불균형을 해소하는 방법이 다양하기 때문이다. 예를 들어 부실은행의 파산, 시중은행 간의 어음교환소 설립 또는 은행 유동성 공급을 위한 중앙은행의 국채 매입 정책 등이 있다.

따라서 물물교환의 애로 때문에 화폐제도가 형성되었을 것이라는 허구적인 생각과는 달리, 상인들은 일단 화폐제도가 창조되고 합법화된 후에야 비로소 거래를 할 수 있었다(Aglietta & Orléan, 1998). 이처럼 화폐는 경제에서 마치 언어와 같은 역할을 한다. 하지만 개인들의 이익 추구가 왈라스 이론과 신고전파 분석들이 정식화한 그러한 시장에서 이루어지도록 만들기 위해서는 제도로서의 화폐가 창조되는 것만으로는 충분하지 않다.

시장은 사회적 구축물이다

사실 분권화된 교환들이 화폐 덕분에 가능하게 된다. 이때 기본적인 거래가 화폐와 상품의 교환으로 나타나게 되므로 물물교환의 성립에 불가결한 쌍방 욕구의 일치라는 문제는 더 이상 나타나지 않게 된다. 만약 '선험적으로' 주어진 기간과 특정의 장소에서 질적으로 상이한 아주 다양한 제품들이 교환되고 있다면, 이러한 쌍방교환들 전체가 단일가격의 출현으로 귀착되는 일은 결코 있을 수 없다. 그런 일이 일어나려면 교환되는 제품들의 품질이 완전히 동일해야 하고, 모든 교환이 중앙으로 집결되어야 하고, 모든 선물시장이 개장되어 있어야 한다.

이와 관련하여 시장 형성의 역사에 관한 연구(Braudel, 1979)나 정보의 비대칭성을 토대로 하는 현대의 미시경제학(Stiglitz, 1987)도 시장에서 단일가격이 형성될 수 있기 위해 어떤 조건이 필요한지를 보여준다.

(1)전제조건: 품질의 정의

일반적으로 공급자들은 잠재적인 소비자들보다 제품의 품질에 관해 '최상의 정보'를 가지고 있다. 예를 들어 중고차 시장의 경우 품질에 관한 불완전한 평가로 인해 시장 자체가 개설되지 못할 수도 있다. 왜냐하면 공급자는 품질이 낮은 제품들만 진열해놓을 것이고, 이런 차들을 사려는 구매자는 없을 것이기 때문이다(Akerlof, 1984). 노동시장의 경우엔 기업이 구직자들의 역량을 평가하기 위해 만든 표상들로 인해 사실은 동일한 특성을 가지고 있는 개인들의 차별화가 지속될 수 있다(Spence, 1973).

따라서 '품질에 관한 사전 규정'은 시장에서 가격이 결정되기 위한 필요조건이다. 만약 이 조건이 성립되지 않는다면, 분별없이 설정된 가격으로 질 나쁜 상인들은 좋은 제품을 판매에서 배제시켜버릴 것이다. 이것은 마치 화폐 유통에 관한 그레섬Gresham의 법칙이 작용하는 것과 같다. 이러한 품질 보장 기능을 수행할 수 있는 제도적 장치가 적지 않다. 예컨대 중세 시대에 장인들은 상공인 조합인 길드를 조직하여 자신들이 판매하는 제품의 질을 보장하고 품질 저하로 야기될 시장 붕괴를 피하고자 했다. 현대에는 독립된 기관이 품질 보증서를 발행해줄 수 있고 혹은 기업들이 스스로 고품질 제품의 공급을 오랫동안 유지함으로써 평판을 쌓을 수도 있다. 중고 자동차 등 내구재 시장은 장기간의 품질보증을 부여하는 것이 제품의 품질 지표가 된다. 이처럼 품질에 대한 다양한 규정은 협약의 산물이다(Eymard-Duvernay, 1989). '반대로' 품질 규정이 시행될 수 없는 나라들에서는 시장이 존재하지 않거나 시장의 규모가 아주 작은데, 이러한 제도적 결함이 경제개발을 저지하는 방해요인의 하나로 설명되기도 했다(Akerlof, 1984).

(2)경제주체들 간의 전략적 상호작용 명시

두 번째 조건은 시장수요와 시장공급에 관련된 것인데, 한 쌍의 수요자와 공급자 간 상호 협상력의 영향이 제한적이어야 한다는 것이다. 이에 대해서도 다양한 제도적 조치를 생각해볼 수 있다. 예컨대 중세 시대에는 시장이 '정해진 장소'에서 정기적으로 열렸으며, 현대의 시장규제 당국과 같은 기관이, 특정 수요자나 공급자가 자신의 이익을 위하여 협상력이나 정보를 사용치 못하도록, 모든 거래가 공개적으로 진행되도록 감독했다. 오늘날 특정 농산물의 전자경매시장에서는 수요자와 공급자를 분리시키는 컴퓨터 시스템 중개를 통하여 수요 및 공급 주문이 익명으로 중앙에 집결된다(Garcia, 1986). 미국의 국고채 시장은 전자식 상장 방식을 취함으로써 하나의 공급 주문이 항상 다수의 수요 주문과 대응될 수 있게 만든다. 주식시장의 전산화와 인터넷을 통한 매도 · 매수 주문은 단일가격 법칙이 관철되기 위해서는 주문들의 중앙 집결이 불가결하다는 것을 보여준다. 또한, 유동성을 보장하는 시장 유지자의 존재도 중요하다. 끝으로, 만약 공급자와 수요자 간의 상호작용 방법이 변경되면, 시장가격 자체가 상당한 비율로 변할 것이다(Garcia, 1986).

이런 이유들로 인해 시장은 품질, 교환 조직, 시장접근 조건, 거래 대금 결제 방식 등에 대하여 합의가 필요한 제도이다. 즉, 시장은 사회적 구축물이지 어떤 자연 상태의 산물이 아니다. 다시 말해서 시장은 '경제인homo oeconomicus'에게 이론가들이 부여한 '아비투스habitus'로부터 자생적으로 형성되는 것이 아니다.

다양한 경쟁 형태

지금까지 논한 시장의 특성으로부터 과연 완전경쟁이 척도나 준거점이 될 수 있을 정도로 보편성을 가지는지 의심할 수밖에 없다. 이러한 형태의 시장에서는 각자가 가격 형성에 참여할지라도 균형가격은 모두에게 강제된다(Guerrien, 1996). 이는 특정 시장에 —당연히 경제 전체 차원에서가 아니라— 경매인이 존재하고 그의 조정하에 정보들이 교환됨으로써 균형가격이 형성된다는 것을 가정한다. 그렇다면 여기서는 경매인에 의해 조정된 거래들만 가격 형성에 참여하게 된다. 그런데 다양한 형태의 경매시장을 제외한 대부분의 시장은 이러한 모델과는 무관하다.

사실 가격을 결정하는 것은 경제주체들의 소관이다. 하지만 이들중 어느 누구도 균형가격을 '사전적으로는' 알 수 없기 때문에 시행착오를 거쳐 이루어질 수밖에 없다. 이 균형가격이 계산될 수 있으려면 시장 외부에 적절한 정보를 모두 구비한 어떤 이론가가 있어야 하고, 그런 사람이 설혹 있다 하더라도 '사후적으로만' 계산이 가능할 것이다. 그래서 전략적 행동이 나타나게 되는데, 이러한 행동은 시장에 참여하는 경제주체들의 수가 적을수록 더욱 강해진다. 예를 들어 수요자들이 독립적인 공급자들을 상대로 공동구매를 하거나, 혹은 반대로 생산자들이 가격을 담합할 수도 있다. 그러나 다양한 중간 형태도 존재하는데, 예를 들어 한 공급자가 스스로 가격을 결정할 능력이 있는 경우 다른 경쟁사들은 그 가격을 따라가게 된다. 그러므로 산업경제에서는 일상의 경제 현실이 꼭 그러하듯이 이른바 불완전경쟁이 일반적인 현상이고 완전경쟁은 예외적인 현상이다.

우리는 가격 형성 과정을 '경쟁 형태'라 부를 것인데, 이는 시장 참여자들 간의 관계를 보여주는 전형적인 구도들이다. 표준화된 제품의 가격 경쟁과 품질 차별화 전략을 구별하면, 경쟁 형태는 앞에서 언급된 것보다 훨씬 다양해질 수 있다. 더 나아가 진입 장벽의 높고 낮음에 따라서도 매우 다양해질 수 있다. 조절이론은 적어도 다음과 같은 세 가지 경쟁 체제를 명시하였다.

'경쟁적 체제'는 19세기 내내 오랜 세월을 지배해왔다. 이 체제는 결코 장기 균형가격에 도달하지 않는 지속적인 조정 과정이라는 점에서 완전경쟁과 다르다.

'독점적 체제'는 제2차 세계대전 직후 경쟁적 체제를 계승했으며, 적어도 공산품 시장에서 그러했다. 여기서는 생산 및 자본의 집중이 확립되면서 전혀 다른 가격 형성 메커니즘이 가능케 되었다. 여기서는 가격이 단위생산비에 마진율을 더해 산정되고, 이 마진율은 한 경기변동 사이클 전체에 걸쳐 평균 자본 수익률을 보장할 수 있도록 계산된다. 이젠 가격이 더 이상 조정변수가 아니므로 공급에 의한 수요의 할당rationing 메커니즘 또는 그 역의 메커니즘이 작용한다. 불균형이론(보론 3 참조)이 도출한 거시경제적 결론은 가격이 왈라스적[즉 균형—옮긴이] 가격에서 지속적으로 벗어나기 때문에 실질임금이 너무 높아 고전적 실업이 발생하거나 유효수요가 불충분하여 케인즈식 실업이 발생하는 경우가 있다는 것이다. 또한, 재화와 노동의 초과수요가 나타날 때는 비용 압박형 인플레이션suppressed inflation이 발생한다(Bénassy, 1984).

세 번째 형태는 '관리경쟁 체제'이다. 예를 들어 제2차 세계대전 직후 엄청난 물자부족과 완전고용에 가까운 상태에서 가격/임금/가격의 상호작용을 통하여 인플레이션 긴장이 조성되었던 경우이다. 이러한 상황에서는 국가(재무부)가 이윤 폭과 가격 조정 빈도에 제한을 가하는 가격 형성 절차를 시행하는 일이 빈번했다.

이로부터—미국(Aglietta, 1976)과 프랑스(Bénassy, Boyer & Gelpi, 1979)를 대상으로 한 장기 역사적 연구가 재확인해주듯이—경쟁 형태는 시간과 더불어 변화하고 경제적 역동성을 위해 일정한 역할을 한다는 직관이 나오게 된다.

노동 수요에서 임노동 관계로

교환이론에서 노동은 다른 여타의 상품들처럼 수요와 공급이 대립하여 임금수준이 결정되는 상품으로 간주된다. 여기서 임금은 화폐의 중개 없이 상품과 상품끼리 교환되므로 실질임금이다. 노동을 이런 식으로 다루는 것은 교환이론 자체 내에서도 문제를 야기한다. 왜냐하면 이 경우 실업은 자발적 실업—충분치 못한 실질임금에 대해 여가를 선택함으로써—혹은 임금의 경직성, 예를 들어 시장 균형임금보다 너무 높게 책정된 최저임금 제도의 결과로만 설명될 수 있기 때문이다.

(1) 노동은 여타 대상과 같은 상품이 아니다

사실, 정치경제학은 그 시작에서부터 노동을 상품과는 다른 방식으로 다루어왔다. 우선, 애덤 스미스 및 데이비드 리카도 이래로 고전파 경제학자들이 주장해왔듯이 노동은 생산 활동과 관련되어 있어 순수 교환경제 안에서 다룰 수 있는 문제가 아니다. 칼 마르크스는 이 전통을 계승, 발전시켜 노동labor과 노동력labor power을 구분하는 가치이론을 정립하였다. 여기서 노동은 자본가들에 의해 생산에 동원되고, 노동력은 그 재생산의 가치로 교환되는 대상이다. 이윤의 원천인 잉여가치는 노동에 의해 생산된 상품의 가치와 노동력의 가치 간의 차이로부터 발생한다. 이어서 칼 폴라니(Polanyi, 1946)의 경제인류학은 노동을 세 가지 허구적 상품의 하나로 제시하기 때문에(나머지 두 가지는 화폐와 자연이다), 그 생산을 시장 메커니즘에만 위임할 수가 없다고 본다(보론 4 참조).

그러나 경제학자들에게 결정적으로 중요한 논의가 임노동 관계의 이중 요소를 구별하는 '노동시장의 새로운 이론들'에 의해 제시되었다.

(2) 노동계약 내의 전략적 갈등

먼저 노동자들은 임금을 매개로 고용되는데, 여기서 임금은 기업가의 리스크가 포함되지 않은 보수를 말한다. 이 첫 거래는 우리가 '노동시장'이라고 부르는 곳에서 이루어지지만, 노동은 다른 여타의 대상과 같은 상품이 아니므로 이것으로 모든 과정이 끝나는 것은 아니다.

두 번째 단계에서 노동자들은 기업가의 권위에 복종하여 그가 배정해주는 생산 업무를 수행한다. 이러한 종속 관계는 생산 내 갈등을 조장한다. 왜냐하면 노동자들과 기업가들은 노동의 강도와 질에 관하여 상반된 이해관계를 가지기 때문이다. 즉, 노동자들은 주어진 임금에서 최소한의 노력만 기울이고자 하고 반대로 기업가들은 노동력을 최대한으로 활용하고자 한다. 이러한 갈등이 노동시장에서의 경쟁만으로는 해결될 수 없는 것이다.

따라서 사회의 역사가 보여주고 이론이 재확인해주듯이 노동에 고유한 갈등은, 적어도 일시적일지라도, 이를 해결할 수 있는 다양한 법적, 조직적 및 제도적 조치들을 필요로 한다. 실제로 근로 규범(Leibenstein, 1976), 통제 장치(출근 기록기, 스톱워치), 유인적 보수(성과급, 이윤 분배 참여, 스톡옵션)뿐만 아니라, 노동계약 내용의 틀을 짜는 협약을 통해 노동분쟁을 수렴시키는 단체교섭 등이 나타난다. 이리하여 노동계약에는 채용조건, 초임, 승진에 관한 절차, 근무시간, 기업복지, 노동자의 개인적 혹은 집단적 의사표현의 조건 등이 명시된다.

현대 경제에서는 회사 내의 이러한 노동에 대한 통제 및 유인 조치는 노동의 가격에 영향을 줄 만큼 매우 중요하다. 예를 들어 기업이 시장임금보다 높은 임금을 책정하면 노동자들이 더 열심히 노력하게 됨으로써 기업은 비용을 절감할 수가 있다. 결국, 노동시장의 균형을 보장하는 것은 더 이상 가격이 아니라 할당이다. 이러한 할당은 때로는 실업에 의해, 때로는 노동력 부족에 의해 이루어진다. 하지만 왈라스 방식처럼 수요와 공급이 만나 임금이 결정되는 경우는 전혀 없다고 할 수는 없지만 극히 드물다(Boyer, 1999).

(3)노동계약의 집단적 측면

그러므로 노동 자체의 특성은 '임노동 관계'라는 개념으로 이어지는

데, 이 개념은 '각 기업'이 [생산성 향상을 위한—옮긴이] 작업 조직, 근무시간, 임금, 진급, 기업복지, 기타 간접임금 등과 같은 구성요소를 운영하는 방식을 가리킨다. 하지만 이러한 장치들 자체는 이미 노동자의 권리, 기업가의 특권, 노사갈등의 해소 방식을 명시하는 법적 및 제도적 시스템에 기초하고 있다. 따라서 임금노동에 적용되는 일반 규칙들도 포괄적으로 '임노동 관계'를 규정한다. 논리적 관점에서 보면, 임노동 관계는 화폐체제와 경쟁 형태 다음으로, 임노동이 지배적인 지위를 점하는 상품경제를 특징짓는 세 번째 제도 형태에 해당한다.

생산자에서 조직으로 간주되는 기업으로

바로 이러한 제도 형태들에 의해 규정되는 틀 속에서 시장경제의 핵심 주체들 중 하나인 회사 또는 기업의 활동이 이루어진다. 그러므로 기업은 표준 미시경제학이나 일반균형이론과는 다른 틀에서 분석된다.

(1) 단순한 생산요소의 관리자에서…

방금 언급한 두 이론에서, 생산자는 상대가격 시스템을 주어진 것으로 받아들이고 사용 가능한 생산기술을 감안하여 생산수준이나 요소 수요를 조정할 뿐이다. 이 경우 극단적으로는 표준 미시경제학의 핵심을 이루는 제약하에서의 최적화 프로그램의 해를 찾아주는 컴퓨터 소프트웨어가 생산자를 대체할 수 있다. 그러므로 생산요소를 다른 여타의 대상들과 같은 상품으로 간주하는 순간 소비자 프로그램[소득 제약하의 효용 극대화—옮긴이]과 생산자 프로그램[생산 제약하의 이윤 극대화—옮긴이] 사이에 쌍대성duality이 나타나게 되고(Varian, 1995), 그 결과 생산경제는 교환경제로 되돌아가게 된다(Guerrien, 1996).

(2)작동 중인 제도 형태와 양립할 수 있는 조직을 찾아서

이와 대조적으로, 기업의 정치경제학적 접근(Eymard-Duvernay, 2004)에서는 제도 형태가 그 속에서 활동하는 기업들에게 제공하는 제약과 기회가 고려된다.

기업이 자신의 전략을 결정하려면 우선 자신이 활동하는 시장 내에 어떤 '경쟁 유형'이 지배하고 있는지를 알아야 한다. 일반적으로 기업은 자신이 속한 산업부문의 집중도가 높을수록 더 많은 행동의 여지를 가지게 된다. 판매 및 마케팅 서비스는 대개 기업의 경쟁적 지위 향상을 목적으로 하며, 기업의 경쟁적 지위는 더 이상 주어진 것이 아니라 전략 수행의 결과가 된다.

기업은 또한 생산의 장場, 즉 '임노동 관계'의 관리가 이루어지는 장이다. 그런데 임노동 관계는 매우 다양한 조치(급여 시스템과 통제 방식)를 필요로 하며, 이는 다시 노동자들 중 일부가 인사관리에 전문화될 것을 요구한다. 기업이 행하는 선택들 중 상당 부분은 현행 '임노동 관계'를 결정하는 제도들 전체에 순응하거나 반발하는 것이다.

마지막으로, 신용 접근은 기업의 생산과 투자 선택에서 결정적인 중요성을 가진다. 실제로 기업이 살아남고 번영하기 위해서는 투자를 하고 새로운 제품과 기술을 개발해야 한다. 기업 활동의 많은 부분이 '화폐체제'와 연관되어 있고, 화폐체제는 한편으로는 은행의 신용 공급 정책과 다른 한편으로는 주가의 변동과 상호작용을 한다. 따라서 화폐체제와 금융체제의 관계에 대한 질문이 제기된다(Aglietta & Orléan, 1998). 그리고 운전자본의 관리와 일상 업무에서 단기 신용이 수행하는 역할도 고려되어야 한다.

이러한 이유로 '기업의 제도적 분석'이 등장한다(보론 5 참조). 우선,

기업의 지속 발전 가능성은 제도 환경이 제공하는 제약과 인센티브에 자신들의 전략이 얼마나 적합한지에 달려 있다(Boyer & Freyssenet, 2000). 그리고 무엇보다도, 이러한 환경에 편입되면서 발생하는 관리 과업의 복잡성은 전문화된 역량을 요구하고, 그 결과 기업은 기업가의 지휘 아래 분업이 전개되는 장場이 된다(Coriat & Weinstein, 1995). 이 점에서, 시장과 기업은 자본주의 경제 동학의 핵심이라 할 수 있는 분업의 원리에 참여하게 된다(Boyer & Schméder, 1990 ; Ragot, 2000).

이와 같은 설명으로부터 마지막 흥미로운 점이 제시된다. 그것은 신제도주의 경제학(Ménard, 2000)이 자주 제도, 조직 및 협약을 동일시하고는 있지만, 이들은 세 개의 실체(그림 3 참조)를 명확히 구별하면서 유기적인 기업관을 채택하고 있다는 점이다(Berle & Means, 1932). 이러한 신제도주의적 해석은 주주 가치가 널리 퍼지면서 새롭게 관심을 끌었던 관념, 즉 주식회사를 주주의 소유물로 간주하는 표준적인 법적 접근을 정면으로 반박하는 것이다. 사실, 주식회사의 정관은 경영진이 관리하는 생산 활동의 비가역성과 주주들이 누리는 소유권의 유동성을 분리하고 있다(Blair, 2003).

보론 3 · 불균형이론의 기여와 그 한계

1970년대 초반에 경제이론은 상대가격의 신호에 주목한 미시경제이론과 유효수요의 역할에 기반을 둔 케인즈 거시경제이론으로 양분되어 있었다. 불균형이론의 흥미로운 점은(Bénassy, 1984) 고정가격 모형하에 일반균형 모델을 전개하여, 경제가 왈라스 법칙처럼 작용하지 않을 때, 다양한 체제 구축이 가능함을 보여준 점에 있다. 곧 케인지언 실업은 할당의 결과로 설명되는데, 즉 생산성보다 낮은 실질임금과 긴축적인 통화 및 재정 정책으로 말미암은 양적 제약의 결과(기업에게는 매출 감소, 노동자에게는 실업)이다. 불균형이론은 거시경제학의 미시경제적인 토대로 제시되었지만, 가격의 경직성 가정 때문에 비판을 받았다. 이러한 가설은 규제 완화와 고전파 거시경제학 부흥의 시대에 더욱 문제시되었다(Lucas, 1984). 그런데 가격의 경직성이 가격에 대한 행정규제나 과점적 경쟁에 기인한다는 것은 확실하다. 그래서 각 시기에 기업들은 본질적으로 불확실할 수밖에 없는 수요를 예상하여 가격을 고시할 수밖에 없다. 비록 케인즈가 불완전경쟁이 비자발적 실업의 원인이라고 언급한 적은 없지만, 불완전경쟁에서 케인즈 이론의 영향을 찾아볼 수는 있다.

조절이론에서는 임금, 가격, 이자율은 각각 임노동 관계, 경쟁 형태, 통화 체제의 구도에 의해 결정된다. 우리가 이러한 규칙의 영향을 고려한다면, 왜 가격이 일반균형 모델을 통해 이론가들이 부여하는 값으로 수렴되는 경우가 드문지를 알 수 있다. 불균형이론과 조절이론

사이의 혼합형 모델을 구축하려는 노력이 전도가 유망했음에도 불구하고 성과를 거둘 수 없었던 것은 아쉬운 일이 아닐 수 없다(Bénassy, Boyer & Gelpi, 1979).

보론 4 · 칼 폴라니의 노동

경제인류학, 발전의 역사적 고찰, 시장 확장 등에 관한 연구는 시장교환이 가능한 대상을 다양한 유형으로 구별하는 것이 중요하다는 사실을 보여주었다. 이는 칼 폴라니(Karl Polanyi, 1983)의 주요 저서가 이바지한 바이기도 하다. 한편으로, '전형적인 상품들'은 그 생산이 고객의 요구에 부응하며 이윤을 추구하기 위해 이루어진다. 원료, 중간재, 소비재, 장비들이 이에 속한다. 다른 한편으로, 시장에 의해 그 가치가 실현되긴 하지만 그 공급이 순전히 경제적 논리에 의해서만 결정되지는 않는 상품들이 있다. 토지, 화폐 및 노동이 여기에 해당된다. 이들의 존재는 상품경제의 조건이 되지만 이러한 '허구 상품'은 시장 논리에 의거하여 생산될 수는 없다. 시장이 자연을 침범한 역사적 사건들은 환경재해를 초래하였으며, 화폐들 간의 경쟁은 대개 중대한 위기로 귀착되었다. 마지막으로 노동의 상품화도 과거에 경제적으로 그리고 인구통계학적으로 비극적인 사건들을 일으켰던 적이 있다.

보론 5 · 제도주의 기업 이론

포드주의 축적체제(제2장 참조)를 참고하여 사회학자, 역사학자, 경제학자, 자동차 산업 전문가들의 연구가 이어졌다. 국제 네트워크인 게르피사GERPISA하에 이루어진 이들의 연구는 한 세기에 걸친 자동차 산업의 발전 및 현대 기업조직의 다양성의 지속을 보여주는 이론을 정립하였다.

기업들은 제약하에서의 이윤 극대화 프로그램의 해를 구하는 것이 아니라 소수의 행동수단(규모의 경제 추구, 다각화, 경기동향의 대응, 품질과 혁신)에 기초한 '이윤 전략'의 실행에 몰두한다.

이러한 이윤 전략은 '성장체제' 및 국민소득 분배방식과 양립될 수 있어야 하기 때문에 한 경제 공간에서 성공적인 전략이라고 해서 다른 경제 공간에도 항상 적용될 수 있는 것은 아니다.

기업의 지속적인 발전을 위한 두 번째 조건은 제품 정책, 생산 조직 및 임노동 관계의 유형 사이에 잠재된 상호 모순적인 요구들을 양립시켜줄 수 있는 '관리상의 타협'이다.

이리하여 소수의 생산방식들이 계승되거나 공존하는 것을 목도해 왔는데, 테일러주의taylorism, 울라드주의woollardism, 포드주의fordism, 슬로안주의sloanism, 토요타주의toyotism 및 혼다주의hondaism를 그 사례로 들 수 있다(Boyer & Freyssenet, 2000).

3. 조절이론의 중심 질문

자본주의 경제의 핵심을 이루는 제도 형태가 여러 개라면 일정 기간 동안 이들의 일관성과 생명력을 보장해줄 수 있는 메커니즘은 무엇일까? 이것이 조절이론이 제기하는 핵심 질문이며, 조절이론에서는 신고전파 이론에서처럼 균형에 상응하는 무엇이 성립된다는 보장은 전혀 없다. 조절양식의 생명력 유지에 기여하는 두 가지 중요한 메커니즘이 있다. 하나는 다양한 제도 형태와 관련된 경제행위들이 양립된다는 것을 '사후적으로는' 관찰할 수 있다는 점이다. 다른 하나는 이와는 반대로 현행의 제도 환경[구도]에서는 해결이 불가능한 불균형이나 갈등이 나타난다면 제도 형태들을 규정하는 게임 규칙이 개정되어야 한다는 점이다. 이 경우 정치 영역이 바로 동원된다.

기본 개념들의 소개로부터 조절이론의 두 가지 특징이 드러난다.

자본주의 제도들이 다양하고 복잡하다는 점을 고려할 때 이 제도들을 결합만 잘하면 경제적 조정은 저절로 이루어질 것이라는 보장은 전혀 없다. 바로 이런 이유로 '조절양식'(제2장 참조)이란 개념에는 경제 체제의 존립 가능성뿐만 아니라 그 위기들도 도입된다. 여기서 위기가 복수로 표현된 까닭은 그 유형이 다양하기 때문이다(제4장 참조). 이렇게 본다면 거의 모든 신고전파 이론이 가정하고 있는 제약 즉 안정된 균형은 더 이상 존재하지 않게 되고, 이는 장기적으로도 그러하다.

법적 형태나 정치적 심급을 띠는 어떤 제도도 결여된 순수한 경제는 상상조차 할 수 없다. 상품경제의 기초가 되는 제도들은 비경제적인 주체와 전략을 전제로 한다. 이것들의 개입의 일차목표가 경제 안정에 있는 것은 아니다. 그런데 조절양식은 바로 경제 영역과 법/정치 영역 사이에서 일어나는 상호작용 결과로 생기는 것이다. 이로써 자본주의 역사 관찰에서 얻은 교훈으로 강화된 정치경제학의 메시지를 되찾는 셈이다.

4. 국가/경제 관계

따라서 법과 정치로부터 완전히 독립된 순수 경제라는 환상은 사라져야 마땅하다. 일반균형이론에서는, 국가는 기껏해야 파레토 최적을 달성하기 위한 집단적 선택을 표현할 수 있을 뿐이다. 그리고 가격에 대한 개입과 같은 국가의 다른 활동은 비효율성만 초래할 뿐이라고 본다.

　한편, 조절이론은 '국가/경제' 관계에 결정적인 중요성을 부여한다 (그림 3 참조). 제도 형태에 관한 논의에서 이미 이 관계에 관한 일부 사항이 다루어진 바 있다.

화폐체제의 선택은 정치적인 것이다
화폐가 상품경제를 제도화한다고 보면 화폐는 상품경제의 산물이 될 수 없다. 이는 물물교환의 거래비용 상승으로 경제주체들 스스로가 화폐를 고안했다고 보는 신고전파의 우화 같은 주장을 반박하는 것이다. 사실, 경제사를 보면 상인들이 민간화폐를 발명해 사용했으며(Braudel, 1979), 왕이나 군주는 자신의 영토에서 유통되는 법정가치가 부여된 화폐의 주조권을 가로채려고 했음(Le Rider, 2001)을 알 수 있다. 많은 화폐가 공공부채증서의 형태로 시작되었다는 것도 잊을 수 없다.

그림 3 국가, 정치 및 제도 형태 간의 상호의존

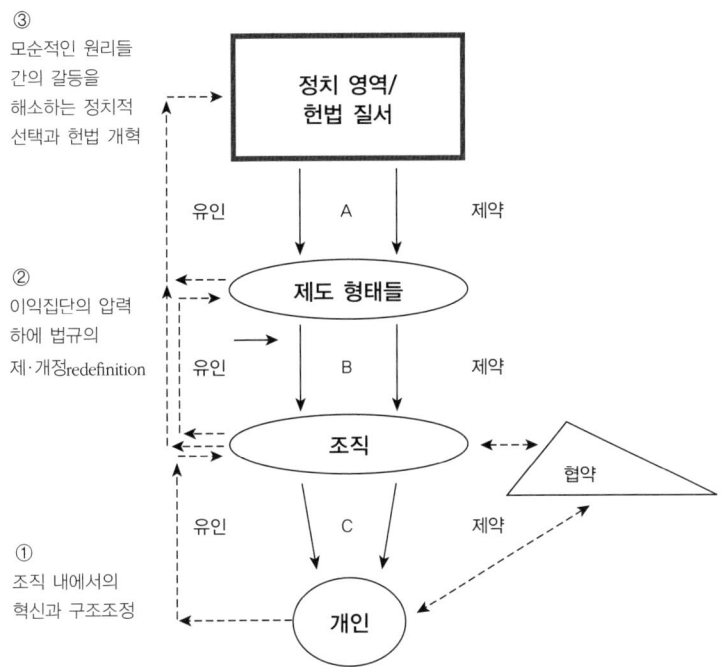

③
모순적인 원리들
간의 갈등을
해소하는 정치적
선택과 헌법 개혁

정치 영역/
헌법 질서

유인   A   제약

②
이익집단의 압력
하에 법규의
제·개정redefinition

제도 형태들

유인   B   제약

조직   협약

유인   C   제약

①
조직 내에서의
혁신과 구조조정

개인

법 질서에서 경제 영역까지:

분명한 위계

A → B → C

경제 영역에서 정치 영역까지:

불균형과 갈등은 게임규칙의 제·개정 요구

1 → 2 → 3

지속도:

헌법영역 〉제도 형태 〉조직 〉개인행동

또 다른 역사적 교훈은 다양한 민간화폐들 간의 경쟁을 토대로 한 은행 시스템은 어떤 것도 오래 살아남지 못했다는 점이다. 중앙은행의 창설은 상업적 이익의 논리에 연연하지 않으면서 항상 위기나 붕괴의 위협을 받고 있는 결제 시스템이 활력을 유지하도록 감시하는 기능을 수행하는 주체가 불가결하다는 것을 인정한 것이다. 독립적인 기관으로 간주되는 현대의 중앙은행조차 그 지위가 정치권력에 의해 결정되어오지 않았던가. 따라서 '화폐체제'(그리고 개방경제에서는 환율체제를 포함)의 선택에는 정치 영역이 개입될 '수밖에' 없는 것이다.

정치적 개입 없는 경쟁은 없다

기업의 전략적 행동에 맡겨진 경쟁은 고정비용, 수확 체증, 네트워크 효과, 평판 등이 도입되면서 집중, 담합, 과점, 심지어 독점으로까지 발전하는 경향이 있다. 이러한 과정에서 피해자는 바로 구매자/소비자이며, 이들은 정치적 및 법적 절차를 동원해 대응하게 된다. 그리고 대부분의 선진국에서는 경쟁 규칙의 준수 여부를 감시하는 당국을 설립하기에 이르렀다. 이리하여 자본 집중과 기업 조직의 역사는 기업들의 과도한 시장 지배력을 제한하기 위해 입법기관이 제정한 규칙과 장애물에 적응하려는 대기업들의 전략의 산물로 해석될 수 있다 (Fligstein, 1990). 따라서 경쟁 형태는 민간 영역과 공공 영역 사이에서 중재를 수행한다.

임노동 관계와 시민권

임노동 관계는 선험적으로 그리고 엄밀한 논리적 관점에서 보면, 국가 개입을 덜 필요로 한다. 그런데 대부분의 국가는 정도의 차이는 있지만 노동법에 개입하고 있다. 한쪽 극단(미국의 경향)에서는 노동법을 상법과 동일시하고(Buechtemann, 1993), 또 다른 한 극단(독일의 경우)에서는 노동자의 집단적 권리를 사회적 시장경제의 기초들 중의 하나로 삼는다(Labrousse & Weisz, 2001). 더욱이 19세기 초 프랑스의 역사적 경험은 노동에 관한 경쟁을 조장하는 힘들이 자유롭게 작용하도록 만들기 위해 강력한 국가의 개입이 필요했음을 보여준다(Boyer, 1978). 또한, 독재정부가 노동법의 급진적인 개혁을 수행한 일부 개발도상국(칠레, 아르헨티나, 브라질)도 그러하다(Ominami, 1986; Neffa & Boyer, 2004). 사회보장 분야에서 직간접적인 국가의 개입 필요성은 더욱 명백하다. 산업재해, 은퇴, 건강권의 인정을 위한 노동자의 투쟁은 성공할 경우 시민권의 본질과 조절양식에까지 영향을 미치는 사회권의 확보로 귀결된다. 국가는 베버리지Beveridge 방식처럼 사회보장의 자금조달에 직접 개입하거나, 또는 비스마르크Bismarck의 사회보험 시스템처럼 고용주와 노동조합 간의 협상을 주도하기도 한다. 이처럼 임노동 관계는 어떤 방식으로건 정치 영역의 개입을 요구한다.

상호 모순된 논리에 복종하는 국가

조절이론이 국가의 행동을 획일적인 것으로 보지 않는 까닭은 여러 부처에서 대안적 원리들 간에 긴장과 모순이 발생할 수 있기 때문이다. 상법이 노동법보다 우위를 차지해야 할까? 조세를 통한 사회보장 재원조달과 노동자 및 기업가의 기여에 의한 사회보장 재원조달을 어떻게 배분할 것인가? 법적 및 정치적 평등이 기업 차원의 산업 민주주의 원리와 같이 갈 수 있을까? 정치권력은 이토록 많은 질문에 그때의 상황과 세력관계에 따라 다른 답변을 한다. 제도 형태와 국가 역할 사이

에 존재하는 강한 상호 의존성은 정치 영역과 경제 영역이 상호 중첩
되고 있다는 것을 표현하는 것과 다름없다.

국제경제에 편입된 국민국가

위와 같은 관념은 국가의 주권이 관철되는 영토 안에서만 유효하다.
순수 경제 이론들과는 대조적으로, 조절이론은 국민국가를 분석의 출
발점으로 삼는다. 사실, 통화체제, 임노동 관계 그리고 정도는 낮을
지라도 경쟁 형태는 주로 국민적 공간 내에서 여전히 결정되고 있으
며, 국민국가들 간의 상호 의존성이 커지고 있는 시기에조차 그러하
다. 그러나 이러한 지적은 국민국가들이 완전한 주권을 유지하고 있
다는 것을 의미하지는 않으며, 이와 정반대로 국민국가들이 국제체
제를 움직이는 세력들에 의해 모든 힘을 박탈당했다는 것을 의미하
는 것도 아니다.

따라서 국민국가가 국제경제에 편입되는 방식이라는 마지막 다섯
번째의 제도 형태가 도입된다. 사실 신고전파 국제무역이론에서는 유
일하게 선택 가능한 것이 관세인데, 이 관세는 자유무역 시스템에 비
하면 많은 왜곡을 유발하는 것으로 간주된다. 그러므로 엄격한 경제적
관점에서 보면, 국가는 국제적 차원에서의 가격 형성 메커니즘의 작용
에 개입해서는 안 된다는 것이다. 조절이론에서는 국민국가가 관세의
다양한 구성요소를 제어하고, 직접투자 유치 방식을 규정하고, 포트
폴리오 투자 관련 규칙을 정하고, 심지어 이민을 통제할 수 있다고 본
다. 그래서 다시 나머지 세계와의 관계를 관장하는 많은 제도가 도입
된다(Mistral, 1986). 이 제도들이 현시기 국제화 과정에 의해 변형되거
나 재규정될 수는 있지만 결코 소멸되는 것은 아니다(Boyer, 2000a).

표 1 자본주의 경제의 숨겨진 제도들: 일반균형이론에서 조절이론까지

일반균형이론 가설	이 가설의 일관성과 타당성	제도 형태의 역할
1. 화폐는 척도일 뿐이다. 경매인이 모든 거래를 집중시킨다.	화폐는 또한 교환수단이자 가치저장 수단이다. 경매인은 시장경제가 아니라 실은 '고스플란'과 같은 계획수립자를 함의한다.	화폐의 창조 및 폐기에 관한 규칙의 필요성 '화폐체제'와 신용체제는 상거래 주체를 규정하고 분권화된 거래를 가능하게 한다.
2. 모든 경제주체는 가격이 주어진 것으로 간주한다.	일반적으로 경제주체들은 전략적 행동을 한다.	완전경쟁과 구분되는 '경쟁 형태'의 다양성
3. '노동서비스'는 상품시장과 동일한 성격을 띠는 시장에서 교환된다.	노동의 이중적 구성요소, 즉 상품으로서의 거래 후 '복종' 관계	노동계약은 '임노동 관계'를 규정하는 제도 네트워크에 포함된다.
4. 국가의 부재	화폐, 경쟁, 공공재를 관리하기 위해서는 시장 외부에 있는 당국이 반드시 요구된다.	'국가/경제 관계'의 구도
5. 국민국가의 부재	모든 국가는 한정된 영토상에서만 주권을 행사한다.	국제체제에의 편입 방식

5. 결론: 5개의 제도 형태

따라서 조절이론에서 말하는 자본주의 경제는 신고전파 이론이 표명하는 이념형적 경제와 구별된다. 그렇다고 이러한 언급이 제도 형태들은 각 개인이 일상적으로 활동하고 있는 경제세계에 대해 직관적으로 느끼는 것과 일치한다는 것을 의미하는 것은 아니다. 고전파 경제학의 창시자들로부터 영감을 받은 이론적 전개에서 사용되는 것은 다름아닌 추상 개념들이다. 더욱이 이 추상 개념들은 일반균형이론(표 1 참조)의 가설들이 드러내는 비현실성에 대해 제기된 반론에 대답하는 것일 뿐, 제도 형태들의 정확한 성격, 즉 조절양식의 생명력을 규명하는 과업은 제도적, 통계적 및 역사적 분석에 전적으로 맡겨진다.

제2장

자본주의의 철의 법칙에서 조절양식의 연속으로

조절이론 창시자들의 저작물 중의 하나인 아글리에타의 『자본주의의 조절과 위기』(Aglietta, 1976)는 당시의 신고전파 이론에 대해 대단히 비판적인 평가로부터 출발했다. 왜냐하면 신고전파 이론은 남북전쟁 이후 북미 자본주의가 겪어온 변형들은 고사하고 미국의 경기 상황조차도 분석할 수 없는 것처럼 보였기 때문이다. 그러나 아글리에타는 당시 마르크스주의 이론의 한 변종으로 등장했던 국가독점자본주의론에 대해서도 동시에 비판을 가했다. 왜냐하면 이 이론은 대규모 기업집단, 단체협약 및 케인스식 통화정책 등을 가진 경제를 적절하게 묘사하지 못했고, 자본주의가 혁신과 구조변형이란 특징을 가지고 있음에도 불구하고 이를 고려조차 하지 못하는 무능력을 드러냈기 때문이다. 그래서 그는 자본주의의 내생적 변형에 관한 법칙을 이론적으로 밝히고자 노력했고, 이것이 바로 조절이라는 단어에 주어진 의미였다(부록의 조절이론 연보 참조).

1. 교조적 마르크스주의에 대한 비판적 독해

마르크스가 『자본론』에서 이룬 이론적 기여는 자본주의를 생산양식으로 다루면서 그 토대와 장기 동학을 밝혀냈다는 데 있다. 마르크스의 후계자들은 다음과 같은 이중의 지상과제를 수행함으로써 그의 이론을 더욱 적실성 있게 만들려고 시도했다. 그것은 먼저 20세기를 통틀어 전개된 변화들을 고려하는 것이고, 다음으로 특히 정치적 투쟁을 위한 도구를 연마하는 것이다. 이러한 시도를 통해 자본주의 분석은 진화를 거듭해왔지만, 20세기의 경제사에 비추어볼 때 이들의 분석은 한계를 드러냈을 뿐만 아니라 심지어는 잘못된 것도 있었다. 그럼에도 경제분석 도구는 크게 개선되었고, 그중 어떤 도구들은 마르크스가 부닥쳤던 몇몇 곤란을 극복하는 데 도움을 주기도 했다.

사회적 관계의 형태를 구체화하기

공업화의 진행에 따른 수많은 변형들에 강한 인상을 받았고 장기 역사를 중시했던 칼 마르크스는 당시 출현 중이던 자본주의 생산양식의 성격을 그에 선행한 모든 생산양식(아시아적 생산양식, 봉건주의 등)과 대비시킴으로써 규명했다. 또한 독일철학에 매료되었던 『자본론』의 저자는 자신이 말한 '통속적 경제'를 추상화시키는 노력을 기울였고, 그 결과 하나의 야심찬 개념 체계를 구축했다.

　자본주의는 다음 두 가지 특징에 의해 다른 생산양식들과 구별된다. 먼저, 상품 관계가 지배한다―상품이 아닌 것에도 가격이 설정된다는 점에서―는 것은 부富의 배분에 있어서 다른 방식들과 확연히 대비된다. 다음으로, 특히 생산의 사회적 관계의 성격이 자본과 노동 간의 갈등에 의해 규정된다는 점이다. 즉 자본을 갖지 못한 프롤레타리아는 자신의 노동력을 자본가인 '유산자有産者'에게 판매할 수밖에 없다. 교환 관계(노동 대 임금)의 외양하에 자본에 의한 노동의 착취가 나타난다. 여기서 착취는 노동자에 의해 창조된 가치가 노동력의 재생산에 필요한 가치보다 더 크다는 것을 의미한다(그림 4 참조).

마르크스는 자본주의와 그 장기 경향에 관한 이론을 구축하기 위해서는 이러한 성격 규명만으로도 충분하다고 생각했을 것이다. 마르크스는 특히 그의 정치적 저작물들에서 계급투쟁에 대한 연구를 많이 했는데, 당시의 그로서는 계급투쟁이 자본주의 생산양식의 급속한 붕괴와 다른—먼저 사회주의적, 이어서 공산주의적—생산양식에 의한 대체라는 결과를 가져다줄 것으로 예상할 수밖에 없었던 것으로 보인다. 그런데 다른 여러 자본주의 나라들의 역사는 상품 관계의 조직과 마찬가지로 생산의 사회적 관계도 상대적으로 다양할 수 있다는 것을 보여주었다.

동일한 사회적 관계 내부에서의 변화

수 세기에 걸친 장기적 관점에서 볼 때 다양한 생산양식들이 계승되고 이것들이 각각 서로 다른 사회적 관계들을 기반으로 하고 있다고 한다면, 이 사회적 관계들이 '하나의 동일한 생산양식하에서도' 진화할 수 있다고 생각하는 것도 불가능한 일은 아니다. 예컨대 노동자들은 산업 위기가 발생할 때 임금 하락을 저지하지 위해 투쟁하고, 이어서 명목임금의 물가 연동을 요구하여 획득하고, 그럼으로써 결국 그들이 그 창출에 공헌한 생산성 향상 이득의 분점이란 원리를 관철시킬 수 있다(Boyer, 1978). 이것이 마르크스의 개념 체계에 대해 의미하는 바는 노동력의 가치가 더 이상 불변의 사회적 필요에 의해 결정되거나 혹은 적어도 노동자 계급의 재생산이란 지상명령에 의해 설정되는 것이 아니라는 것이다. 자본/노동의 갈등 이슈는 착취 관계의 형태에 영향을 끼친다.

마찬가지로 화폐체제 역시 금본위에 의해 관장되는 시스템으로부터 법화가 통용되는 신용경제로 이행했다는 점을 감안하면 결코 변하지 않는 것으로 볼 수는 없다. 국가/경제 관계의 변화도 이에 못지않게 중요하다. 아주 개략적으로 말해서, 경제적 변형들, 특히 정치적 투쟁으로 인해 전통적인 통치 기능(법, 정의, 안보, 외교 등)에 중심을 둔 국가Etat가 경쟁, 임노동 관계 및 화폐체제 등 대다수의 제도 형태들로 둘러싸여 있는 국가로 이행한 것이다(Delorme & André, 1983).

조절이론의 목적은 바로, 미국에서건(Aglietta, 1976) 프랑스에서건(CEPREMAP-CORDES, 1978), 수 세기에 걸쳐 나타났던 사회적 관계들의 정확한 형태와 그 풍부한 변화를 구체적으로 추적하는 것이다.

자본주의 생산양식의 거대한 동학은 없다

조절이론이 마르크스주의 전통과 또 다른 차이점은 조절이론은 전일적全一的인 자본주의 생산양식을 가진 경제로부터 도출되는 일반 법칙의 존재 자체를 의심한다는 데 있다. 마르크스의 경우 그러한 일반 법칙은 이윤율 저하 경향이었다. 그의 후계자들은 금융자본의 부상(Hilferding, 1970), 제국주의의 발흥(Luxembourg, 1967), 그 후엔 독점자본주의의 출현(Baran & Sweezy, 1970)을 내세웠다. 물론 국가의 경제 개입의 증대를 포착한 국가독점자본주의 이론도 빼놓을 수 없다. 그런데 이 논자들은 대부분 이러한 특징들이 이윤율 저하 경향이란 법

그림 4 국가, 정치 및 제도 형태 간의 상호의존

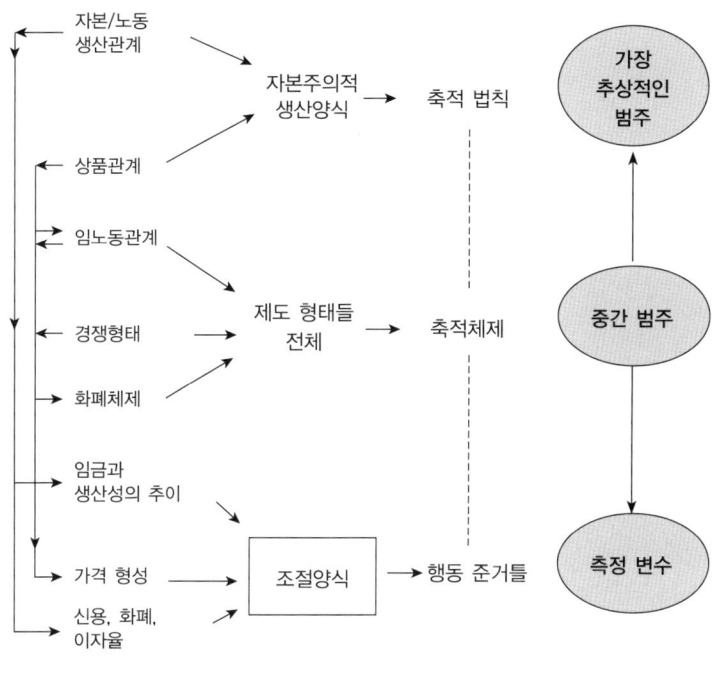

칙을 저지하기 위한 전략으로 간주했다. 또 다른 해석에 따르면 그것들은 경제활동의 집단화가 이루어지는 경제체제로 향해 가는 도정에서 거치는 각각의 단계로 간주된다.

조절이론의 목적은 국민계정의 통계자료를 사용하여 시공간에 걸쳐 관찰되는 다양한 축적체제들의 파라미터를 엄밀하게 추정해내는 데 있다. 그래서 축적체제라는란 개념은 재생산 도식이라는 개념을 대체하는 것이다(그림 4 참조).

국가는 단순히 자본의 대리인이 아니라 제도화된 타협의 집합체다

마르크스주의 이론가들은 국가의 형태를 자본의 본질로부터 연역해 내려고 시도했고, 이는 파생이론이라 불리었다(Mathias & Salama, 1983). 국가에 대한 이러한 관점은 결과적으로 정치적 영역을 경제적 영역에 종속되게 만들었고, 이어서 국가는 자본의 동학 속에서 주어진 역할만을 수행한다는 기능주의를 전제로 하게 되었다. 그래서 심지어 국가독점자본주의 이론은 사실상 이미 집단적인 성격을 띠고 있는 하나의 시스템으로 전환하기 위해서는 국가를 변화시키는 것으로 족하다는 생각까지 하게 되었다. 그런데 국가 건설의 역사는 물론 사회과학의 진보는 위와 같은 두 가정이 거짓임을 폭로했다.

국가는 대개 전쟁으로 정복한 지역에 통치권을 확립함으로써 탄생한다. 통치자는 경제로부터 필요한 세금을 징수해간다. 물론 그럼으로써 상업 부르주아지 그리고 이어서 산업 부르주아지의 발흥을 조장했는지는 분명하지 않다. 공공재정의 적자 누적으로 군주들은 대금융가들에게 의존할 수밖에 없었고, 법화의 가치 상실 등의 대가를 치렀다. 자본주의가 정식으로 출현하는 데는 이렇게 많은 장애물이 있었던 것이다.

학제간 연구들은 사실은 경제적 영역과 정치적 영역의 구별이 필요하다는 것을 보여준다. 가장 높은 추상 수준에서는, 경제적 영역은 자본주의의 자극을 받아 부를 축적하는 경향이 있고 정치적 영역은 권력의 축적에 집중된다(Théret, 1992). 하지만 현실적으로는 국가는 경제에서 재원을 징수할 수밖에 없지만, 반대로 국가는 축적에 필요한 제도들의 출현과 시행에 많건 적건 도움을 줄 수 있다. 이와 관련하여 정치영역과 경제영역 사이에 활기찬 상호작용 방식이 나타나는지 여부는 오로지 사후적으로만 확인될 수 있다. 이러한 현물 조세체제는 경제활동이 의무적인 징수에 대해 어떻게 대응하는지 그리고 역으로 입법과 조세 시스템이 어떻게 축적을 유도하는지를 묘사해준다.

이 체제들의 지속 가능성을 자동적인 것으로 볼 수 없는 이유는 단순하다. 즉 공공지출과 조세 시스템은, 그 전부는 아닐지라도 대부분은, 일련의 '제도화된 타협'(Delorme & André, 1983)의 결과인데, 선험적으로 서로 독립적으로 이루어지는 제도화된 타협들이 축적의 안정화를 목적으로 삼고 있는 것은 결코 아니기 때문이다. 축적의 안정화는 대개 '사후적으로만' 관측될 수 있는 의도하지 않은 결과일 뿐이다. 한 가지 예만 들어보면, 노동자들이 획득한 사회적 권리의 확장은 그 보장에 필요한 비용의 징수로 인해 이윤율을 하락시키고 그래서 축적이 불가능해지는 결과를 초래할 것으로 인식되었고, 이러한 인식은 기업가들에게 특히 강했다. 그런데 제2차 세계대전 이후의 이례적인 성장은, 특히 유럽에서, 실제로 임노동 관계의 변화가 적어도 일정 기간 동안 유례없이 활기찬 축적체제를 지탱했던 요소들 중 하나였음을 보여주었던 것이다(제3장 참조).

위기는 반복되지만 서로 닮지는 않았다

'조절'이란 용어가 주는 함축적인 이미지와는 반대로 조절이론은 거의 안정된 축적체제와 그 위기를 동시에 다룬다. 그러나 이 점에서도 조절이론은 마르크스주의 관념은 물론 고전파의 관념과도 구별된다(Duménil & Lévy, 2002). 마르크스의 경우 축적은 본성상 경기변동을 동반하며, 그래서 성장의 국면과 산업 위기 또는 금융 위기를 통한 조정의 국면이 주기적으로 이어진다고 본다. 그러나 마르크스에게 위기는 조절이론이 말하는 위기와는 전혀 다르다. 그것은 자본주의 생산양식에 고유한 모순들(집중의 심화, 이윤율 하락 등)로 인한 자본주의 생산양식의 붕괴를 말한다. 그의 후계자들은 위기에 관한 두 개의 다른 관념을 제시했다.

몇몇 역사가와 경제학자들은 상업 자본주의의 출현 이래 거의 반세기에 걸친 장기 파동들이 주기적으로 이어졌다고 본다. 역동적인 축적과 상대적 번영의 초기 국면에 뒤이어 경기의 역전이 지속되어 때로는 디플레이션을 동반하는 공황의 하강 국면으로 들어선다는 것이다 (Kondratieff, 1992). 이러한 문제의식 덕분에 1970년대의 급격한 변동을 진단하고 분석할 수 있게 되었다(Mandel, 1978; Wallerstein, 1999).

다른 경제학자들, 특히 미국의 급진파 경제학자들은 미국 경제를 붕괴시킬 뻔했던 1929년의 위기에 충격을 받았다. 그런데 역설적인 것은 이 위기에 선행했던 시기에 판로 문제가 제기될 정도로 생산부문의 이윤율이 유달리 높았다는 점이다. 축적체제에 나타난 이 새로운 불균형으로부터 독점 자본주의에서 수요 관리의 역할에 관한 독창적인 해석이 나오게 되었다(Baran & Sweezy, 1970). 보다 일반적으로 말해서, 위기에 관한 전문가라 할 수 있는 경제사학자들은 미국의 1929~32년 위기를 20세기 자본주의 위기의 전형으로 간주하는 경향을 보였다.

조절이론은 하나의 표준적인 축적체제는 존재하지 않는다는 점으로부터 다양한 결과를 이끌어낸다. 각 축적체제는 그에 고유한 위기 형태를 갖는다는 가정을 세움으로써 1929년의 위기를 19세기의 경험들과 결부시킬 수 있었다. 다른 한편, 분석방법은 결국 전前자본주의 경제들에 대해 아날학파가 고안한 것과 유사하다. 즉 아날학파의 작업들은 사실 "각 사회는 그 구조에 따른 나름의 위기를 가진다"는 교훈을 제공한다(Labrousse, 1976). 이 관념은 이미 19세기 전체에 걸친 위기들의 형태 변화를 파악하기 위해 사용된 바 있다(Bouvier, 1989). 조절이론의 연구들은 이들의 연구 성과를 20세기로 연장해 적용한 것이다. 요컨대 각 경제는 그 축적체제 및 조절양식에 상응하는 위기를 맞는다는 것이다.

보론 6 · 다섯 개의 제도 형태와 그 정의

제도(또는 구조) 형태: 하나 또는 여러 개의 기본적 사회적 관계를 규범화하고 있는 것을 모두 총칭하여 제도 형태라 정의하자. 다섯 개의 제도 형태가 구별된다.

• 화폐 형태 및 체제: 화폐 형태란 특정 국가에서 주어진 시기에 거래 주체들이 맺고 있는 기본적인 사회적 관계를 드러내는 방식이다. 여기서 화폐는 특수한 상품이 아니라 축적거점, 노동자 및 다른 거래 주체들이 관계를 맺는 형태이다. '화폐체제'라는 용어는 이에 상응하는 구도를 지칭하며, 이는 흑자와 적자를 조정할 수 있게 해준다.

• 임노동 관계의 형태: 자본/노동 관계의 구도로서 노동의 조직, 생활양식 및 노동자의 재생산 방식 간의 관계들로 구성된다. 분석적으로는 다섯 개의 구성요소가 자본/노동 관계의 역사적 구도들의 성격을 규명하기 위해 도입된다. 그것은 생산수단의 유형, 사회적 분업과 기술적 분업의 형태, 노동자들을 기업에 동원하고 결박시키는 방법, 직간접 임금소득의 결정요인, 끝으로 임노동자의 생활양식인데, 이는 상품의 획득방식이나 시장 외적인 공공 서비스의 이용과 다소 결부되어 있다.

• 경쟁 형태: 경쟁 형태는 선험적으로 서로 독립적으로 의사결정을

내리는 파편화된 축적거점들 간의 관계가 어떻게 조직되는가를 보여준다. 여러 개의 전형적인 형태가 구별된다. 경쟁적 메커니즘은 사적 노동의 유효 여부가 시장에서 상품들 간의 대립을 통해 사후적으로 결정될 때 나타난다. 반면, 독점적 메커니즘은 생산과 거의 동등한 총량과 구성을 가진 사회적 수요에 의해 생산의 '사전적인' 사회화에 관한 몇 가지 규약이 지배할 때 나타난다.

• 국제체제에의 편입 형태: 이것은 국민국가와 나머지 세계 간의 관계를 조직하는 규약들의 총체를 지칭한다. 여기에는 상품 교역, 직접투자를 통한 생산시설의 입지, 대외 수지와 잔고의 자금조달, 나아가 이민 등에 관한 내용도 포함된다.

• 국가 형태: 이것은 제도화된 타협들 전체를 지칭하며, 일단 짜이게 되면 공공 지출과 수입의 변동에 관한 규약과 규칙성들을 만들어낸다.

2. 매개 개념의 고안 및 정교화: 제도 형태

마르크스주의적 자본주의 이론에 대한 이러한 비판적 재검토는 제도 형태의 성격 규명으로 귀착된다(보론 6 참조). 이 제도 형태의 리스트는 신고전파 이론이 상정하는 그러한 시장경제에 숨겨져 있는 제도들의 분석으로부터 얻을 수 있는 리스트와 결과적으로 동일하다(제1장, 표 1 참조). 이 두 접근이 궁극적으로 상호 보완적인 것으로 되는 까닭은 각 접근이 서로 다른 추상 수준에 입각해 있기 때문이다. 즉, 일반 균형이론에 관한 내부 비판은 '엄격하게 논리적인 관점에서' 불가피한 제도들을 강조한다. 여기서 분석은 가장 높은 추상 수준을 갖는 이론의 공간에서 시행된다.

마르크스주의적 접근을 재검토한 결과, '역사적 과정'의 산물로서 주어지는 특정의 사회와 시기에 작동하는 기본적인 사회적 관계들의 성격을 규정하는 과업이 도출된다.

첫 번째 접근이 기능주의적인 것이라면, 두 번째 접근은 역사적인 것이다. 그래서 두 번째 접근은 역사 속에서 연마되고 다섯 개의 제도 형태로 귀착되는 일련의 제도화된 타협의 지속 가능성에 관한 질문에 열려 있다. 실제로, 사회적 투쟁, 정치적 갈등, 경제적 및 금융적 대위기는 거의 일반적으로 결국 국가/경제 관계만이 아니라 임노동 형태와 경쟁 형태에 관한 새로운 제도화된 타협들을 가져다준다. 따라서 조절이론을 기능주의로 보는 것은 자의적인 판단이라 할 수 있다 (Jessop, 1997). 제도 환경과 연계된 경제체제의 지속 가능성에 관한 질문은 선험적으로 열려 있는 질문일 수밖에 없다. 그래서 그러한 지속 가능성을 '사후적으로' 관찰하는 것은 기능주의라는 착각을 불러일

으킬 수밖에 없다. 이러한 착각은 회고적 성격을 띠며, 특히 이론가들이 그런 착각을 하기 쉽다. 왜냐하면 경제 행위자의 입장에서는 제도적 변화가 초래하는 결과를 보고 놀라는 경우가 허다하기 때문이다.

이리하여 조절이론은 시공을 불문하고 타당한 이론과 단순히 관찰되는 거시경제적 수치들을 이어줄 '매개 개념들'을 개발한 것이다. 따라서 조절이론은 의도적으로 '과소 결정된' 상태를 유지하면서 주어진 시기의 한 경제를 대상으로 제도 형태들의 성격을 규명하려는 실증 분석의 일환을 이룬다(그림 5 참조).

바로 이러한 이론적 비결정성으로부터 조절양식과 같은 중심 개념이 도입된다. 이 조절양식 개념과 관련된 핵심 문제들이 무엇인지는 다음 세 가지 명제의 도움을 받아 요약해서 제시할 수 있다.

선험적으로 문제가 되는 조절

이처럼 제도화된 타협은 제도 형태들의 토대다. 그런데 일반적으로 제도화된 타협들은 상호 독립적인데, 그 이유는 경제활동이 상이한 영역들로 전문화되어 있기 때문이 아닐까. 예를 들어 중앙은행은 정부로부터 통화체제의 특성을 부여받고, 직종별 관계는 임노동 관계를 조탁하고, 규제와 기업 전략은 경쟁 형태를 결정한다. 이처럼 다양한 제도 형태들이 양립 가능하도록 '사전적으로' 감독하는 어떤 시스템 엔지니어도 존재하지 않는다. 실제로, 각 경제주체는 자신이 속해 있고 그 안에서 가격 시스템을 고려하는 제도적 틀에 고유한 제약과 유인에 따라 자신의 전략을 선택한다. 따라서 분권화된 화폐경제에서는 이러한 개별 행동들의 결합이 활기찬 거시경제적 구도를 가져다줄 수 있도록 보장하는 어떤 것도 없다.

그림 5 조절이론의 방법론

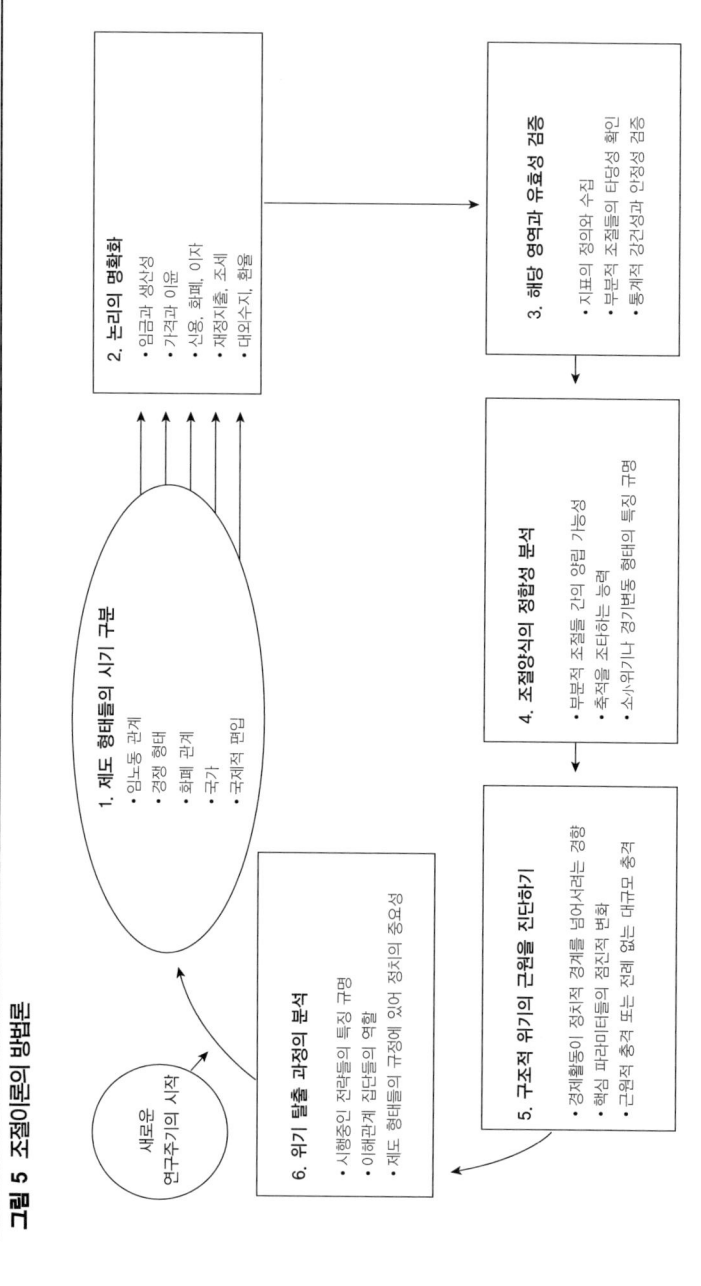

조절이론은 가장 기본적인 수준에 선험적인 부정합이 있고, 그래서 규약, 규칙성 및 질서정연한 변화는 예외적인 현상으로 될 수밖에 없다고 본다. 우리가 알기에 조절이란 용어는 물리학과 생물학에서 '선험적으로' 독립적인 실체들(확장하면 제도 형태들)이 어떻게 상호 공존을 유지하면서 그것들 전체의 변동을 초래할 수 있는가, 요컨대 어떻게 시스템(여기서는 경제적 시스템)을 형성할 수 있는가의 물음에 답하기 위해 처음 사용되었다(Canguilhem, 1974). 이 물음에 대한 대답이 긍정적이라면 이에 관여된 경제적 메커니즘들 전체를 '조절양식'으로 지칭해도 될 것이다. 이제 조절양식의 핵심 특징들 가운데 두 가지를 소개하면 다음과 같다.

그 하나는 조절양식은 시기가 바뀌더라도 현행의 제도 환경을 재생산할 수 있어야 한다는 것이다. 이때 제도 환경에 중대한 변경이 초래되어서는 안 된다.

다른 하나는 조절양식은 경제주체들이 시스템 전체를 관장하는 전체의 규칙들을 내재화(숙지·체화)하고 있다고 가정해서는 안 된다는 것이다. 이 점에서 조절이론은 거시경제학에서 경제주체들이 그들 간의 상호작용을 관장하는 메커니즘들을 이론가 못지않게 잘 알고 있다고 가정하는 합리적 기대학파(Lucas, 1984)와 대조된다. 그래서 제도 형태들의 역할은 개인의 행동에 필요한 지식들을 요약해주고, 그럼으로써 동원된 정보와 인지의 내용을 단순화시키는 데 있다. 이제 경제주체들은 부분적인 지식과 '제도에 의해 설정된 합리성'을 가지고 행동하게 된다.

이러한 관념은 제한적 합리성(Simon, 1983)이란 관념과 무관하지 않다. 그러나 불확실성하에서의 합리적 행동의 어려움과 관련짓는 인

지적 측면보다는 제도적 구성요인이 보다 우세하게 작용한다고 본다. 더 엄밀히 말하자면 제도 형태들은 적절하다고 평가되는 하나의 정보를 축약하고 중시함으로써 일군의 전략적 행동이 결합하여 초래하는 내재적인 불확실성을 축소시켜준다(Aoki, 2002). 상호 양립 가능한 행동들의 총체로 이해되는 균형의 존재에 관한 질문은 마땅히 사례별로 고찰되어야 한다. 이러한 균형 개념이 왈라지언 균형 개념과 전혀 상관이 없는 까닭은 가격 시스템이 모두에게 알려져 있다면 어떤 경제주체도 제약하의 극대화를 추구하지 않는 것으로 되기 때문이다.

조절양식은 결국 어떻게 출현하는가?

조절이론의 영감을 받은 수많은 역사적 연구와 정식화에 의해 여러 과정이나 메커니즘이 명확해졌다.

(1)브리콜라주와 우연?

제2차 세계대전 이후의 포드주의와 연계된 조절양식을 고려하기 위해 '우연한 발견과 시행착오'가 강조되었다(Lipietz, 1979). 과학적 노동관리 방식, 테일러주의 및 컨베이어 시스템의 도입으로 1920년대부터 유례없는 생산성 향상이 이루어졌다. 그러나 해당 재화들의 상대가격 하락에도 불구하고 이러한 생산의 과잉증대를 흡수해줄 정도로 수요가 충분하지 않다는 사실이 드러났다. 엄격히 논리적인 관점에서 보면, 외부 관찰자가 대량소비는 대량생산의 불가결한 짝이라고 생각하는 것은 당연지사다. 하지만 경제주체들이 자신의 이익만을 위해 행동하도록 방치되는 한 그러한 일은 결코 일어나지 않는다. 그래서 어떤 식으로든 집단적 개입이 불가피하다(Boyer & Orléan, 1991). 이것이 바로 제2차 세계대전 이후 실제로 일어난 일이다. 즉, 생산성 향상에 비례하는 실질임금의 증가를 법제화하고 또 확산시키는 단체협약이 새로운 조절양식의 확립을 사후적으로 보장하게 된 것이다. 따라서이 시스템의 정합성은 '사전적으로' 주어져 있었던 것은 아니다.

(2) 의심스러운 효율성에 의한 선택

제도 형태는 '경제적 효율성'에 의거하여 '선택되는 것은 아니다'. 실제로 경로의존성과 같은 것이 나타나고, 제도의 구축과 연계된 매몰비용도 존재한다. 더욱이 몇몇 네트워크 기술(Arthur, 1994)처럼 제도형태들은 수확체증을 나타낼 수 있고, 그래서 우월하지만 새로 등장하는 제도 형태가 기존의 잘 확립된 제도 형태에 비해 불리한 조건에놓이기도 한다. 끝으로 제도 형태들을 공진화하도록 만드는 역할을 하는 어떤 시스템 공학자도 존재하지 않는다는 점도 상기되어야 한다. 다양한 목표와 개입수단을 가진 국가조차 그런 역할을 할 수는 없다. 이러한 관념은 대부분의 신고전파적 관념과 배치되는 것이다. 신고전파는 합리적 주체라면 잠재적 패자가 승자로부터 보상받아야 하더라도 파레토Pareto적 의미의 효율성을 가지는 제도개혁 협상에 항상 관심을 갖게 될 것이라고 생각한다. 그러나 그런 식의 보상 메커니즘이실재하지 않는 경우가 많기 때문에 잠재적 패자가 오히려 제도 개혁에 반대하는 것이다.

(3) 진화론적 과정

세 번째 메커니즘은 제도 형태들 상호 간에 그리고 이것들과 기술 변화 사이에서 일어나는 '공진화co-evolution'와 관련이 있다. 각 시기마다 제도 형태들의 재편을 둘러싼 다양한 전략들이 충돌하거나 공존할 수 있다. 그러나 하나의 조절양식으로 이끌어가는 구도는 바로 제도 형태들 간의 상호 적합성에서 유래하며, 조절양식은 결국 사후적으로만 인지되고 해석될 수 있을 뿐이다. 이 메커니즘 역시 앞의 메커니즘과 마찬가지로 효율성과는 직접적인 관계가 없다. 이 특징은 조절양식들의 '다양성'의 지속과 관련하여 중요한 결과를 내포하고 있다.

(4)상호 보완성의 가정

지속 가능한 조절양식은 또한 둘 또는 그 이상의 제도 형태들 사이에 '상호 보완성'이 있을 때도 나타날 수 있다. 예를 들어 금본위제에서는 국제가격에 비해 약간의 격차만 있어도 생산비의 재조정이 야기될 수밖에 없는데, 이러한 재조정은 대개 임금의 상하 신축성을 매개로 이루어진다. 여기서는 그러한 조정을 가능케 하는 것이 바로 화폐제도와 임노동 관계의 상호 보완성이라는 점을 지적코자 하는 것이다. 나아가 20세기 경제들에서는 이른바 케인즈식의 경기안정화 정책이 명목임금의 경직화와 상호 보완성을 갖는 것으로 판명되었다.

(5)제도 형태들의 위계구조

또한 조절양식은 다른 제도 형태들에 비해 특정한 제도 형태가 결정적으로 중요한 역할을 수행하기 때문에 생겨날 수도 있다. 실제 역사를 살펴보면 제도 형태들이 일종의 '위계구조'를 이루고 있으며, 이러한 비대칭성은 특정의 정치적 타협에서 나오는 경우가 아주 흔하다는 사실을 알 수 있다. 이러한 제도적 구도는 지배적인 제도 형태에서의 구조적 변화가 하나 혹은 여럿의 다른 제도 형태들을 변형하는 속성을 가지고 있다는 관찰로부터 확인할 수 있다. 예컨대 화폐체제와 케인즈식 중앙은행이 통화주의적으로 바뀐다면 평균 이자율의 상승이 기업들의 성과를 압박하고, 이는 고용과 임금에 불리하게 작용할 수 있다. 이러한 정책이 상당 기간 동안 지속된다면 바로 임노동 관계 그 자체가 영향을 받을 수 있다(Boyer, 1986b). 이 경우 생산양식의 출현과 변형 과정은 위계구조의 요동으로 설명될 것이다.

조절양식의 지속 가능성을 설명할 수 있는 메커니즘은 이토록 많다. 그러나 이 점은 생산양식이 '시간적으로 그리고 공간적으로' 드러내는 가변성을 설명해주는 것이기도 하다.

3. 수 세기에 걸친 대조적인 조절양식들

프랑스 자본주의의 장기적 변동(18세기에서 20세기 마지막 10년에 이르는 기간)에 관한 연구는 적어도 4개의 시기가 계기적으로 이어져왔다는 것을 뚜렷이 보여주었다. 300여 년 동안 임노동 관계가 변화되어왔고, 이는 명목임금과 실질임금의 변동에서 명백하게 드러났다.

18세기 말까지 계속된 구식 조절

구체제Ancien Regime하의 경제들에서는 주로 농촌 조직들로부터 상업 자본주의가 발전하고 있었고, 그 대부분의 경제들에서 구식 조절이 지배적이었다. 그래서 경제적 동학은 농업에 타격을 가하는 우발적 사건들에 의해 좌우되었다. 흉년이 되면 생계비에 포함되는 식량 가격이 폭등하고, 농업 위기가 산업 부문으로 전이된다. 이는 농촌과 농업 부문의 수요 위축이 명목임금의 하락을 초래할 수 있다는 것을 함의한다. 실질임금이 격감하고 생존 조건이 불안정해지자 사망률이 증가하게 되는데, 이러한 현상은 맬서스 모델의 기본가정의 하나를 상기시켜준다. 이러한 스태그플레이션적 조절은 두 세기 이후의 관리된 조절양식에서도 재발견된다. 이 점에서 조절이론은 아날학파의 저작들을 재조명한다.

19세기에 전형적으로 나타난 경쟁적 조절양식

이 두 번째 조절양식에는 전혀 다른 경기변동 연쇄를 내포한다. 실제로 19세기 중엽부터 경제의 리듬은 제조업 중심으로 이루어지게 되었는데, 제조업의 경기 리듬은 호황과 불황의 계기적 반복으로 나타난다. 자본 집중의 정도는 미약했고, 그래서 가격은 〔다수의 생산자들 사이에서―옮긴이〕 경쟁적 방식으로 결정된다. 다른 한편, 노동자들은 축적의 변동에 종속되었고, 명목임금의 형성에 대한 영향력은 거의 가지고 있지 못했다. 그 결과 명목임금, 공산품 가격, 산업 경기는 조화롭게 변동한다. 조절이론이 파악하는 이러한 구도는 신고전파 이론의 왈라스 균형이 보여주는 상태와 기본적으로 동등한 것이다. 그럼에도 한 가지 차이점은 있다. 그것은 축적의 영향하에 있는 경제 시스템은 결코 정체 상태―신고전파의 균형―에 있지 않고 과잉축적과 과소축적 국면을 반복한다는 점이다. 이러한 유형의 조절은 대부분의 경제이론에 암묵적으로 전제되어 있다. 하지만 불변의 것으로 남아 있지 않은 까닭은 그것이 점차 변형되어왔기 때문이다.

오랜 변화의 시기: 양차 대전 중간기

실제로 자본의 집중은 시간이 지날수록 강화되어왔는데, 위기 때에는 특히 그러했다. 이와 병행하여 산업 노동자의 수가 증가하면서 그 집단적 조직화(노조, 협회, 상호부조 등)가 가능해졌고, 여성과 아동의 야간노동 제한, 작업 중 사고의 산업재해 인정, 나아가 불경기의 임금 하락 등을 저지하기 위한 투쟁이 이루어지게 되었다. 이러한 노동운동은 19세기 하반기에 시작되어 제1차 세계대전 이후에 급속하게 활성화되었다. 이 시기의 특징은 잠재적으로 금 태환성으로부터 자유로워진 신용화폐로의 이행 및 상시적인 인플레이션의 출현이다. 이러한 특징은 경쟁적 조절의 특징인 금본위와의 연계 및 전반적인 물가수준의 주기적 변동과 대비된다.

인플레이션의 누적이 노동자들로 하여금 소비자 물가지수에 대한 명목임금의 연동을 요구하게 만드는 것처럼 임노동 관계에 집단적 요소가 등장한다. 예컨대 프랑스에서는 퇴직 권리가 인정되었다. 이처럼 제도 형태들은 19세기에 비해 상당한 변화를 겪게 된다. 그러나 임금 조절은 여전히 경쟁적 형태에 의해 관장되는데, 이 점은 조절이론의 주요 결론 중의 하나를 부각시키는 것이다.

제도의 출현과 행동의 수정은 완벽하고도 즉각적인 상관관계를 가진다고 가정하는 신제도주의 이론들과는 달리 장기적 역사 연구들은 근본 혁신을 동반하는 제도들의 출현과 그에 조응하는 조절양식의 확립 사이에는 약 사반세기의 시차가 존재한다는 사실을 밝혀냈다. 조절양식들의 변형은 생활양식, 생산기술, 경제활동의 공간화 등이 변화하는 장기에 속하는 현상이며, 유동적인 예측이 이루어지는 단기와는 무관하다. 따라서 조절이론은 더글러스 노스(Douglass North, 1990)를

그림 6 조절양식들의 계승: 임노동 관계의 사례

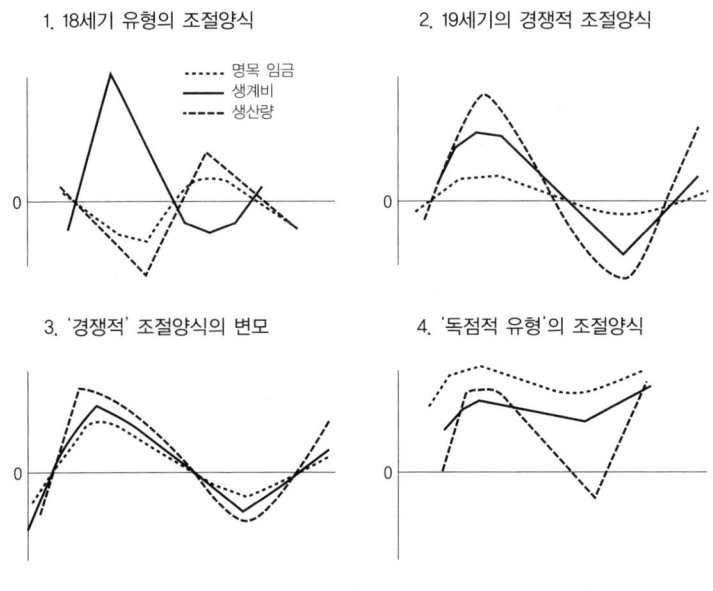

1. 18세기 유형의 조절양식

········· 명목 임금
────── 생계비
------ 생산량

2. 19세기의 경쟁적 조절양식

3. '경쟁적' 조절양식의 변모

4. '독점적 유형'의 조절양식

제외한 제도주의 경제학의 대다수 연구 프로그램이 특권시하고 있는
가설에 반대한다.

1919~39년의 역설적인 제도적 구도는 조절양식의 장기 변동 과정
에서 중요한 하나의 단계로 기록된다(그림 6 참조).

독점적 조절양식: 영광의 30년

'관리된'이란 수식어를 붙일 수 있는 이 '조절양식'은 1950년대 후반
에 가서야 확립되었고, 양차 대전 중간기에는 미국에서도 프랑스에서
도 겨우 싹만 틔운 상태에 있었다. 사실, 법화로의 이행은 전비 조달

을 위해서가 아니라 축적 자금의 조달을 위해 활용되었던 것이며, 임 노동 관계는 명목임금의 물가지수 연동에 의해 급진적인 변형을 겪었다. 당시 이 현상은 기대된 생산성 향상 이득의 분점을 지칭하는 '진보의 배당금'이라 불리었다. 이와 병행하여 노동자의 생활양식에 포함되는 집단적 요소들(교육, 보건, 주거 등에의 접근)이 사회보장 시스템 속에 포함되었다. 그것은 비스마르크 방식 ―노동자들의 사회보장을 위한 자금이 사회적 및 기업 분담금을 통해 조달되는 경우― 또는 비버리지 방식―사회적 연대 자금이 일반 조세제도에 의해 조달되는 경우―으로 시행되었다.

이러한 주요 변화들이 임금 변동의 유례없는 추이를 설명해준다. 예컨대 실질임금의 거의 연속적인 상승, 실업에 대한 명목임금의 민감도 상실, 불황의 스태그플레이션적 성격 등이 그것이다. 따라서 독점적 조절양식은 경쟁적 조절양식과 현저하게 다르다. 그것은 또한 다른 제도주의 접근들과도 차이를 드러낸다. 이 접근들은 여전히 대칭적 정보를 가진 완전경쟁 균형을 준거로 삼고 있으면서 실재하는 제도들을 그만큼의 불완전성이 도입되는 것으로 간주한다. 반면 조절이론은 이러한 제도적 구도가 정합성을 가지고 있고, 돌이켜보면 외관상 놀랄 만한 성과를 낳았다고 본다.

이 조절양식은 1960년대 말부터 위기로 돌입했고, 제도 형태들의 재편 과정이 시작되었다. 이 과정은 독점적 조절양식이 그랬던 것처럼 분명하게 식별 가능한 후계 조절양식을 여태껏 탄생시키지 못하고 있다.

4. 현대의 조절양식들

그럼에도 불구하고 조절론적 연구들은 새로운 조절양식에 관한 다양한 가설들을 모색해왔으며, 이 가설들은 제도 형태들의 일정한 위계성에 비추어 조직된다.

국내 및 국제 경쟁의 심화

첫째로, 1960년대 중엽부터 거의 중단 없이 계속되어온 규제 완화와 국제 개방은 '경쟁'을 지배적이라고까지는 할 수 없을지 모르지만 중요한 제도 형태로 만들었다(Petit, 1998). 실제로 경쟁은 임노동 관계의 재편에 영향을 주는 경향이 있는데, 그 결과 임금은 더 이상 유효수요의 구성요소에 그치지 않고 경쟁력의 형성에 기여하는 비용으로 부상한다. 반드시 그런 것은 아닐지라도 자본 이동성의 증대로 인해 국민국가들은 조세 분야 등에서 경쟁하게 되었고, 이에 따라 국가/경제 관계가 변모하게 되었다. 하지만 이 잠재적 조절양식은 19세기의 전형적인 경쟁적 조절양식과는 다르다. 왜냐하면 그것이 이젠 사회보장 영역을 비롯해 다방면으로 개입하고 있는 특정 국가의 틀 속에서 시행되기 때문이다.

서비스화에 의해 지배되는 조절양식?

제2차 세계대전 이후 생산 구조들은 완만하지만 지속적인 변형을 겪어왔다. 제조업이 경제의 동력이었고 그 동학이 경제 전체의 경기를 좌우하는 경향이 관철되고 있긴 했지만 경제의 중심이 이동해갈 정도로 서비스 산업의 고용이 줄기차게 증가했다(Petit, 1986). 그런데 이 서비스 부문은 제도 형태들의 독특한 접합(근로계약의 상대적 분절화 및 심지어는 세분화, 품질 경쟁, 현지화 등)을 보여준다. 따라서 현대 경제들에서 조절양식의 속성들의 상당 부분은 서비스 부문에서 나온다. 예컨대 경제활동의 변동성은 서비스 부문을 지배하는 관성으로 인해 줄어든다. 이 조절양식은 구식 조절양식(농업에 의해 지배되는)에서 경쟁적 조절양식(제조업에 의해 추동되는)으로 그리고 다시 독점적 조절양식(제조업과 서비스업 간의 독특한 접합이란 특징을 띠는)으로 바뀌어온 조절양식의 이행의 연속선상에 위치할 것이다.

금융화된 조절양식?

세 번째 접근에 따르면 금융혁신이 강화되고 선진국은 물론 개도국들마저 국제자본 흐름에 개방됨으로써 조절양식의 금융화와 같은 대안적 가설이 가능케 되었다(Aglietta, 1998). 그런데 지난 20여 년 동안 이루어진 제도 형태들의 재편 과정은 대단히 복잡해서 1990년대의 미국을 제외한다면 금융화된 조절양식이 확립될 수 있을지는 여전히 불확실하고 어려운 일로 보인다. 그러나 이 조절양식이 인터넷 거품의 붕괴와 더불어 그 한계를 드러냈기 때문에 미국 이외의 다른 나라들에 널리 적용될 수 있을 것으로 보이지는 않는다(Boyer, 2002b).

　잠재적 조절양식들이 이처럼 다양하다는 것은 다음과 같은 조절이론의 기본적인 함의를 예증하는 것이다. 그것은 회고해보면 조절양식을 정식화하는 것이 기능주의적 해석이라는 오해를 받을 수 있긴 하지만, 구조적 변형들이 일어나는 실제 시간에서는 조절양식의 출현을 둘러싼 불확실성이 뚜렷하게 나타난다는 것이다.

5. 결론: 균형, 불균형… 조절

이렇게 해서 우리의 문제의식이 기여한 바는 물론 그 특징을 드러내기 위해 조절이란 용어의 선택이 갖는 정당성이 더욱 분명해졌다.

신고전파 이론은 '균형' 개념을 중심으로 삼는다. 이들이 경제성장의 과정을 탐구하는 경우에조차 그렇게 하는 이유는 이 과정이 동태적 안정을 갖는 하나의 경로로 수렴되며 이 경로의 성격은 가격 시스템만으로도 충분히 특징지을 수 있다고 간주하기 때문이다. 더욱이 이 이론은 화폐의 영향을 과소평가하며 자본주의 경제의 전형적인 축적 과정의 동태적 성격을 간과한다(Sapir, 2000).

'불균형' 이론(Bénassy, 1984)은 왈라지언 가격이란 가설을 세우고, 이 가격은 과점적 가격 형성 과정의 산물이며 경쟁의 현대적 형태들에 사실상 조응하는 것으로 생각한다. 그러나 예외가 없는 것은 아니지만, 해당 모형들은 축적의 동학은 물론 경제주체들의 전략의 조정에서 제도가 수행하는 역할을 감안하지 않는다.

'조절'이론은 축적의 동학을 더 이상 상대가격의 게임의 결과로만 간주하지 않으며, 임노동 관계, 경쟁 형태, 화폐제도와 같은 제도 형태들이 축적의 동학에 미치는 영향을 온전히 수용한다. 임금이나 이자율과 같은 가격 변수들이 제도 형태들이 작용한 결과라는 점에서는 불균형이론이 조탁해낸 도구들, 특히 할당 개념은 조절양식을 정형화하는 데 동원될 수 있다.

제3장

축적체제와 역사적 동학

조절이론은 장기 경향들에 관심을 갖고 있으므로 또 다른 한 개념이
중요한 역할을 하는데, 그게 바로 축적체제다. 여기서 중요한 것은 마
르크스와 그 후계자들이 제시한 재생산 도식에 비추어 이 개념의 위
치를 재정립하는 것이다. 그 목적은 제도 형태들이 임금과 이윤 사이
의 소득분배에 미치는 영향과, 마르크스의 용어로 말하자면, 자본의
가치생산과 가치실현이라는 지상과제의 양립 가능성을 명시적으로
고려함으로써 경제 동학을 정식화하는 데 있다. 이로부터 다양한 유
형의 축적체제가 나타나는데, 이는 단지 이론적으로만이 아니라 역사
적으로도 그러하다. 이러한 축적체제의 다양성은 분석의 대상이 구舊
산업화 경제들에서 후발 산업화 경제들로 확장되어갈수록 더욱 뚜렷
이 나타난다.

1. 재생산 도식에서 축적체제로

조절양식이 경제주체들이 인식할 수 있는 주요 거시경제 변수들의 경기변동적 연쇄를 명시해준다면, 축적체제는 장기 성장모형의 윤곽을 묘사해준다. 이 두 개념이 몇 가지 해석상의 애로를 제기하고 있어 그 의미를 명확히 해둘 필요가 있다.

기원과 의미

먼저, 축적체제라는 용어는 자체의 기본의미를 가지고 있으므로 조절양식이란 용어와 중복해서 사용되어서는 안 된다. 이 점은 다른 거시경제 이론들에서도 마찬가지다. 케인지언 전통에서는 IS-LM 모형이 경제활동의 수준에 미치는 경제정책의 영향을 묘사하는 기능을 수행하지만, 보다 장기적인 다른 모형들은 규칙적인 성장의 조건들을 파악하기 위해 사용된다. 오늘날의 신고전파 거시경제학에도 동일한 이중성이 나타난다. 즉, 실물 경기변동 모형들이 화폐나 기술 관련 혁신이 초래하는 결과를 묘사한다면, 내생적 성장 모형은―솔로우Solow 모형처럼―경기변동의 묘사를 뛰어넘어 장기 성장에 공헌하는 요인들을 파악해낸다.

하지만 축적체제란 용어를 사용하는 데는 이보다 훨씬 더 근본적인 이유가 있다. 사실 마르크스주의적 직관을 기반으로 삼고 있는 조절이론은 자본주의 생산양식을 준거로 삼음으로써 축적이 결정적인 역할을 수행한다는 가정을 도출한다. 그럼에도 축적체제가 재생산 도식과 다른 점은 그 성격을 규정하는 파라미터들이 주로 임노동 관계와 경쟁 형태라는 두 개의 제도 형태로부터 도출된다는 데 있다. 더욱이 이 파라미터들의 값은 대개 국민소득계정의 장기 시계열로부터 추정된다. 이렇게 해서 영광의 30년 기간의 프랑스 경제를 대상으로 하는 2부문 모형(Bertrand, 1983), 미국 경제에 관한 2부문 모형(Juillard, 1993), 양차대전 중간기를 대상으로 복수의 축적체제를 가진 모형(Boyer, 1989) 등이 만들어졌다.

보론 7에서 축적체제라는 용어의 완벽한 정의가 제시되고 있으므로 여기서는 이 용어가 정량적 측면만이 아니라 정성적 측면도 가지고 있음을 강조해두는 것으로 충분하다. 사실 축적체제가 활력을 보일 때는 제도 형태들의 재생산이 의문시되고, 축적체제가 붕괴될 때는 제도 형태들의 구조가 직접 타격을 받는다. 끝으로 명시해둘 것은 축적체제는 대단히 추상적인 성격을 띠고 있으며 경제주체들의 행동을 묘사하는 용어가 아니라는 점이다. 다시 말해서 그것은 조절론적 연구를 위한 분석도구의 하나인 것이다.

축적체제들의 계기적 이행

미국, 프랑스 등 유럽 국가들 및 일본을 대상으로 한 장기 역사 연구들로부터 축적체제들이 실제로 변화해왔음을 알 수 있다. 간략하게 말해서 두 개의 핵심 파라미터가 세기에 걸쳐 나타난다.

그 하나는 '축적의 성격'이다. '외연적 성격이 지배적인' 축적은 생산 구도가 생산기술의 큰 변화 없이 확장되는 경우를 말한다. 반대로 '내포적 성격이 지배적인' 축적은 생산성 향상을 이끌어내기 위해 생산 조직이 상시적으로 변형되는 경우를 말한다.

다른 하나는 '수요의 특징'이다. 이로부터 아주 명료하게 대조적인 두 개의 구도가 나타난다. 그 하나는 임노동 양식을 포함하는 '소비양

표 2 네 개의 주요 축적체제: 이론과 역사

축적의 성격 / 소비의 성격	지배적인 성격	
	외연적	내포적
자본주의에 거의 통합되지 않음	18-19세기 영국 경제 ①	19세기 미국 경제 ②
자본주의에 거의 완전히 통합됨	20세기 마지막 1/3의 미국 경제 ④	1945년 이후의 OECD 경제들 ③

식'이 자본주의에 의해 관장되는 제조업 생산에 거의 통합되어 있지 않은 경우다. 그 이유는 소비양식이 소상품생산 또는 지대 관계에 의해 성격이 규정되는 농업 부문에 의해 담보되기 때문일 것이다. 다른 하나는 임노동제가 점진적으로 진행되고, 그 결과 임노동화의 비율이 높아져감에 따라 임노동자들의 생활양식이 스스로 변형되어 자본주의 부문의 생산에 대한 의존이 갈수록 강화되는 경우다.

이 두 개의 특징을 결합시키면 선험적으로 4개의 축적체제가 규정될 수 있고, 이것들은 실제 역사에서 관찰된다(표 2 참조). 이러한 변화가 수십 년에 걸쳐 이루어진다는 점은 강조될 필요가 있다. 중요한 것은 축적체제의 변동을 야기하는 요인들이 무엇인가를 명시하는 것이다. 특정 축적체제의 한계가 뚜렷이 드러나고 새로운 축적체제의 출현을 예고하는 변형들이 나타나는 것은 대개 대위기의 경우이다.

보론 7 · 제도 형태로부터 거시경제학으로

• 축적체제

축적체제는 자본축적이 전반적으로 그리고 상대적으로 일관된 방식으로 진행될 수 있도록 만들어주는 규칙성들 전체를 지칭한다. 그럼으로써 자본축적 과정 그 자체에서 상시적으로 발생되는 왜곡과 불균형들이 흡수되거나 지연될 수 있다.

   이 규칙성들은 다음 것들과 관련이 있다.

- 생산 조직의 변화 및 생산수단과 임노동 간의 관계 변동이 이루어지는 유형
- 경영원리의 전개를 위한 기반이 되는 자본 가치증식의 시계視界
- 상이한 사회 그룹 · 계급들의 동태적 재생산을 가능케 하는 가치 분배
- 생산능력의 경향적 변동이 실현되게 해주는 사회적 수요의 구성
- 탐구대상이 되는 경제구성체에서 비자본주의적 형태들이 중요한 지위를 차지하고 있는 경우에 이 형태들과의 접합이 이루어지는 방식

• 조절양식

조절양식은 개별적, 집단적인 절차와 행동의 총체를 지칭한다. 그 속성은 다음과 같다.

- 역사적으로 결정된 제도 형태들의 접합을 통해 기본적인 사회관계들이 재생산된다.
- 작동 중인 축적체제를 지탱해주면서 그 진행방향을 '조타한다'.
- 분권적인 의사결정들 전체의 동태적인 양립성을 보장한다. 이때 경제주체들이 시스템 전체의 조정 원리들을 반드시 내재화하고 있을 필요는 없다.

2. 발전양식의 특성

이제 이처럼 다양한 축적체제들이 어떻게 이 대시기들 각각에 고유한 제도 형태들의 속성으로부터 도출되는지를 규명하고, 어떤 조건하에서 축적체제가 활력을 유지할 수 있는지를 검토할 차례다. 각 체제를 지탱해주는 조절양식은 사이사이에 언급될 것이고, 축적체제와 조절양식이 결합된 총체가 발전양식이라고 보면 될 것이다.

경쟁적 조절하의 외연적 축적체제

조절이론은 경쟁과 임노동 관계의 논리가 관철되는 경향이 있는 경제들을 대상으로 시작되었고, 또 그러한 경제들에 대해 적절성을 가진다. 그것이 바로 구 공업화 경제들이다. 19세기 후반으로 거슬러 올라가보면 아주 독특한 구도가 관측된다. 경쟁은 생산 방식과 조직상의 우월성으로 인해 자본주의 기업들에 의해 주도되고, 이 기업들이 마르크스의 용어로 말하자면 소상품생산과 같은 이전의 형태들을 대체하는 경향이 나타난다. 당시의 성장 동력 부문 즉 자본주의 산업 기업들로 구성된 부문에서 이루어진 축적의 효과로 생산성이 향상된다. 바로 이러한 의미에서 외연적 축적체제로 규정될 수 있다. 산업 노동자들의 수도 늘어나지만 여전히 소수를 면치 못하며, 그래서 이들은 이윤의 형성에는 결정적인 기여를 하지만 수요의 형성에는 아예 참여하지 못하거나 참여하더라도 미미했을 뿐이다. 그 결과 경제적 재생산 회로는 농민, 부르주아지 또는 공공지출의 수요에 의해 완결된다. 바로 이러한 의미에서 이윤 주도 수요체제로 불릴 수 있다.

축적은 어떻게 안정되는가? 주로 산업예비군의 증감에 의해 이루어진다. 예를 들어 산업 활동의 변동이 명목임금의 형성에서 결정적인 역할을 수행한다. 실제로 임노동자들의 집단 조직이 없었기 때문에 그 협상력은 대단히 미약했다. 산업 경기가 상승할 때는 신규채용으로 고용이 증가되고, 이에 따라 임금도 상승할 수 있다. 이와는 반대로, 경기가 하강할 때는 임노동자들이 산업 위기로부터 직격탄을 맞는다. 농업 활동에 중심을 둔 구식의 조절이 약화되어감에 따라 산업 위기는 경제 전체로 파급되는 경향이 있다.

사실, 이 축적체제는 엄청난, 때로는 고통스럽기 짝이 없는 사회적 변화들을 동반했지만 초기 산업 자본주의의 발흥을 보장했음은 확실하다.

대량소비 없는 내포적 축적체제

모든 축적 구도들이 반드시 동태적 안정을 가진 체제로 귀착되는 것은 아니다. 양차 세계대전 사이의 시기는 이 점을 명료하게 보여준다. 사실, 이 시기에 거의 모든 제도 형태들이 큰 변화를 겪는다. 첫 번째 변화는 신제품 개발과 생산방식의 합리화를 추동하는 과학기술의 발전과 관련된다. 전례 없는 생산성 향상은 생산기술의 누적적 개선에 기초한 내포적 축적으로 이행했음을 증언한다. 이 시기는 대량생산과 그에 따른 수확체증의 시대다. 임노동화가 급속히 진행되면서 19세기 말에는 존재하지 않았던 두 번째 변화가 일어난다. 그 이후 노동자들의 수요에 대한 기여가 엄청나게 증가하긴 했지만, 임노동 관계가 여전히 경쟁적 방식의 임금 형성에 의해 규정되고 있어 임금수요의 증가는 원천적으로 제한되어 있었다.

이러한 조건하에서 생산성 향상이 가속적으로 이루어짐으로써 이윤 주도 축적이 개시되었다. 그러나 이런 방식의 축적은 곧 생산능력과 수요 간의 불균형에 부닥치게 된다. 실제로, 산업생산의 증가가 그에 상응하는 고용 증가를 동반하지 않았기 때문에 실질임금이 생산성 향상에 맞추어 조정되지 않게 된다. 결국 임금총액의 증가 둔화로 수요는 압박을 받게 되는 것이다.

이렇게 해서 1929년 미국에서 시작된 위기의 아주 특이한 성격이 해명된다. 예컨대 1929~32년의 대공황 그리고 1920년대의 붐과 도취라는 두 현상 모두 제1차 세계대전 이후에 나타난 축적체제가 활력을 가질 수 없었다는 점을 증언한다.

대량소비를 동반하는 내포적 축적체제

제2차 세계대전 이후엔 당시 사람들의 우려와는 달리 사태가 위와 같은 방식으로 전개되지 않았는데, 그 이유가 무엇일까? 사실은 제도화된 타협들의 변화가 풍부하게 그리고 거의 동시에 이루어짐으로써 하나의 활기찬 내포적 축적체제가 출현했기 때문이다. 특히 1950년대부터 대량생산과 대량소비가 결합되기 시작했다. 이러한 변화가 이루어질 수 있었던 것은 특히 생산성 향상 이득의 '사전' 분배 원칙을 기반으로 하는 포드주의 임노동 관계의 제도화 덕분이다. 이와 동시에 과학과 선진 기술이 생산에 체계적으로 적용됨에 따라 자본의 가치증식의 시계視界가 대폭 넓어졌다. 이러한 시계의 확장 그 자체는 상대적으로 안정되고 활기찬 경제성장에 달려 있는데, 이러한 경제성장에는 국가-경제 관계에 관한 새로운 관점의 출현도 공헌했다. 정부는 생산적 투자를 장려했고, 투자의 효율성에 불가결한 인프라를 구축했으며, 노동자를 보호하는 사회보장제도를 마련했다. 게다가 정부들은 케

표 3 축적체제들의 개요

축적체제 구성요소	경쟁적 조절하의 외연적 축적체제	대량소비 없는 내포적 축적체제	대량소비를 동반한 내포적 축적체제	불평등을 조장하는 외연적 축적체제
생산 조직	대규모 제조업	테일러주의에 뒤이은 조립라인	수확체증 활용	생산성 향상의 고갈 및 서비스화
임노동 관계	경쟁적	임노동의 확산에 도 여전히 경쟁적	생산성 향상 이득 분배의 제도화	분권화, 개인화 및 집단적 형태들의 쇠퇴
부가가치의 분배	산업예비군에 의한 조절	이윤에 유리하게	분배의 사전적 안정화	임금 몫의 축소 후 안정
사회적 수요의 구성	농민, 부르주아지, 공공지출	임노동자 수요의 비중 증가	임노동자 수요의 주도적 역할	소득별 계층 분화, 능력에 따른 소득

인즈주의에 입각하여 경기 안정화 정책도 시행했다. 이러한 여러 요인들이 작용하여 예측의 시계가 확장되고, 수확 체증과 학습 효과가 활용될 수 있었던 것이다.

이처럼 대량소비에 초점을 맞춘 내포적 축적체제가 포드주의 시대를 열었다. 포드주의에 선행했던 축적체제들(표 3 참조)에 비해볼 때 포드주의가 갖는 특수성은 노동자들의 소비와 투자 간의 보완성이 사실상 제도화되었다는 점에 있다. 그 결과 임금과 이윤 사이만이 아니라 노동자들 사이에도 소득 배분이 놀라울 정도로 안정되었다. 이 축적체제의 특징은 독점적 또는 관리된 조절양식을 동반했다는 데 있는데, 이 조절양식에 그러한 수식어가 붙게 된 이유는 경제활동의 불확실성에 대응하는 조정절차들이 제도화되어 있었기 때문이다. 이 발전모형이 성공을 거두었던 데는 마지막 조건이 하나 더 있다. 그것은 국제 환경으로부터 가해지는 강력한 제약이 없었다는 점인데, 이는 브

레턴우즈 체제 덕분에 가능했다. 상이한 국민적 조절들로 인해 각국의 인플레이션율이 서로 괴리될 수밖에 없었음에도 불구하고 경제성장의 잠재력이 회복될 수 있었던 것은 환율이 주기적으로 재조정될 수 있었기 때문이다.

불평등 심화를 동반하는 외연적 축적체제

미국에서는 이 체제가 포드주의를 계승했다. 생산성 향상을 보장했던 기존 원천들이 고갈되면서 포드주의는 위기에 돌입한다. 여기에는 기술적 이유(제품 차별화의 요구에 직면하여 생산성 향상의 추구가 어려워진다) 또는 사회적 이유(포드주의 노동 논리에 대한 항의)와 직접적인 연관이 있다. 한 생산 패러다임의 위기가 반드시 동등한 성격을 가진 다른 패러다임에 의해 계승되는 것은 아니기 때문에 1970년대에는 외연적 축적이 지배하는 축적체제로의 복귀가 뚜렷이 나타났다(그림 7 참조). 이 현상은 혁신 노력의 강화에도 불구하고 생산성 향상이 회복되지 않았다는 점에서 더욱 역설적인 것이었다. 생산성 향상은 1980년대에 가서야 회복되기 시작했고, 이 추세는 1990년대에도 이어질 것이다.

　이 축적체제를 구성하는 두 번째 요소는 포드주의의 위기로 인해 실업이 증가하였고, 이로 말미암아 노조의 교섭력이 상실되어 포드주의 임노동 관계가 침식되거나 심지어는 와해되었다는 점이다. 노사협상은 기업 차원으로 분권화되었고, 노동계약은 각자의 능력에 준거하여 이루어짐으로써 개별화되었으며, 인플레이션율과 생산성 향상에 대한 임금의 연동 조항이 폐지됨으로써 노동자 계층 내부에서도 불평등이 증대되었다(그림 8 참조). 소득계층 간 투쟁이 계급투쟁을 대체하는 경향이 나타났고, 이는 이전의 임노동 관계를 붕괴시키

그림 7 미국의 생산성과 실질임금의 변동

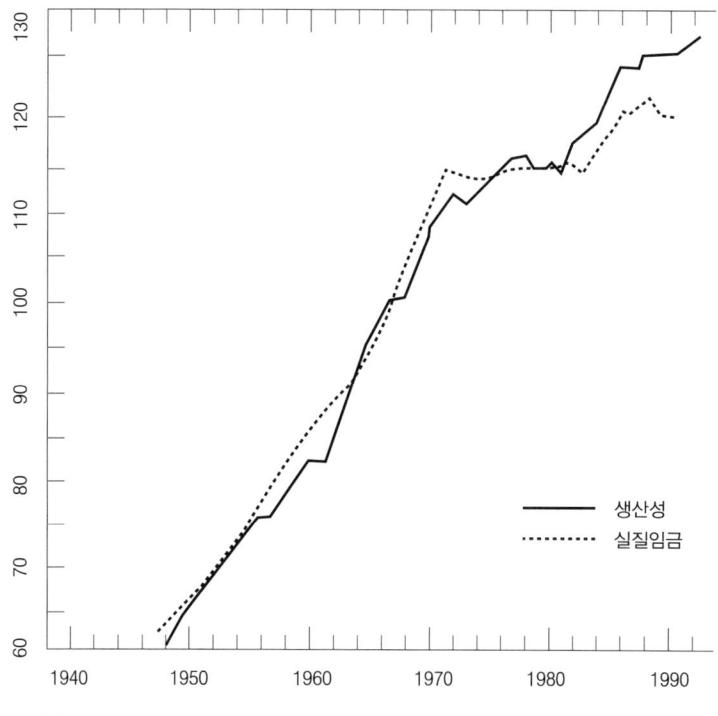

는 데 일조했다.

　따라서 이 축적체제는 소득 불평등의 확대에 따른 제품 차별화의 심화에 기반을 둔다. 왜냐하면 축적의 완결 원리가 그러하기 때문이다. 다른 한편, 완만한 임금 상승을 통해 비용 감축이 가능했던 것은 임노동 관계의 '유연화' 덕분이지 더 이상 노동절약적인 기술의 추구 때문이 아니었다. 반면에 실질임금이 지속적으로 상승하리라는 예상이 임노동 관계에 작용하는 포드주의에서는 비용의 감축이 노동절약

그림 8 미국에서의 소득 불평등의 변동 추이 (1분위 대 10분위)

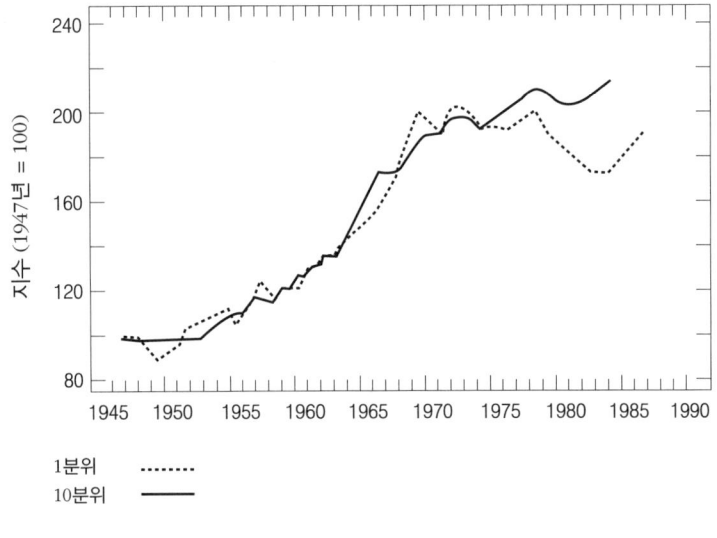

1분위 ········
10분위 ─────

적 기술의 추구에 의해 이루어졌다. 이처럼 갈수록 강화되어온 국제 경쟁에 대한 개방은 임금비용의 완만한 증가에 일정한 영향을 미쳤던 것이다. 더욱이 부문별 및 국가별 성장 궤도는 경쟁력의 정도에 따라 차이가 커지게 되었다.

여기서 지적해두어야 할 중요한 사항은 이 발전양식이 포드주의에 비해 전반적으로 낮은 성과를 보인다는 점이다. 왜냐하면 그것이 생활 수준의 더딘 향상, 더 높은 실업률, 더 불확실해진 이윤 그리고 이 체제의 수락 가능성에 영향을 미칠 수밖에 없는 사회적 불평등의 증대라는 특징을 갖고 있기 때문이다. 그럼에도 이 체제는 포드주의를 계승했다. 이 사실은 축적체제는 가장 높은 효율성을 제공할 수 있는 능력을 가진 체제로 진화해간다는 가정이 잘못되었다는 것을 보여준다. 그것은 또한 경제성장에 생산성이 결정적인 역할을 한다고 보는 신고전파 이론은 물론 사회관계들의 재편에 생산력이 결정적인 역할을 하는 것으로 가정하는 마르크스주의적 사고를 반박하는 것이기도 하다. 조절이론의 경우엔 제도 형태들이 혁신의 방향과 강도를 내포하고 있는 성장체제를 조탁하는 것으로 본다.

3. 축적체제의 지속 가능성 및 위기 탐구를 위한 포드주의의 정식화

한 발전양식의 지속 가능성 여부를 어떻게 알아낼 수 있을까? 이 질문에 답하기 위해서는 제도적 및 정성적 분석으로부터 각각의 제도 형태들의 구도와 연관된 주요 변수들 간의 관계를 정량화하는 작업으로 나아간다는 것이 전제된다. 교육적 목적을 위해 먼저 포드주의에 관한 정식화를 제시한 후 보다 일반적인 모형을 다룰 것이다.

핵심 연쇄

앞서 논의된 포드주의의 특징들로부터 그 핵심을 이루는 3개의 메커니즘이 명시될 수 있다(그림 9 참조). 첫 번째 메커니즘은 생산성 향상의 동학에 관한 것이다. 즉 경제성장은 수확 체증과 학습 효과의 존재를 활용하여 생산성 향상을 달성하도록 해준다. 두 번째 메커니즘은 임금의 형성을 소비자 물가의 변동 및 생산성 향상에 대체로 명시적인 방식으로 연계시키는 것이다. 그래서 이 두 번째 메커니즘은 생

그림 9 포드주의 성장의 선순환과 세 가지 조건

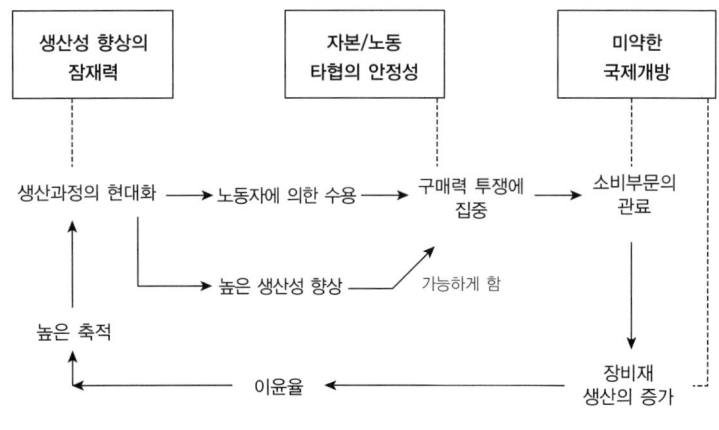

산성 향상의 이득이 이윤과 임금 사이에 어떻게 분배되는가를 규정한다. 세 번째 메커니즘은 주어진 소득분배하에서 수요가 어떻게 형성되는가를 묘사한다. 여기서는 임노동자의 소비가 기업의 투자 결정에 핵심지표로 가정된다.

끝으로, 수요가 생산으로 전환되기 위해서는 생산능력들이 가동될 수 있어야 하고, 수입품이 이 수요의 큰 부분을 흡수해서는 안 된다는 것이다. 즉, 암묵적으로 경제는 국제경제에 거의 또는 전혀 개방되어 있지 않은 것으로 가정된다. 이 마지막 가정을 제거한다면 전혀 다른 축적체제들이 나타날 수 있는데, 특히 1980년대와 1990년대가 그러하다. 무역, 기술 및 금융에서 대외의존이 심각한, 이른바 주변부 나라들의 경우엔 더욱 그러할 것이다.

기본 방정식

이처럼 극히 단순화된 경제적 회로도를 기초로 이 축적체제의 핵심 변수들을 묘사하는 모형이 구축될 수 있다(보론 8 참조).

생산성의 변동은 기술 변화, 자본형성의 강도 및 수확 체증의 함수이다. 이 세 개의 요인은 각각 서로 다른 이론을 반영한다. 먼저, 슘페터의 전통은 외생적 기술 변화 경향을 표현하는 상수로 대변된다. 다음으로, 제작연대 모형들은 투자 흐름이 기술 개선에 미치는 영향으로 반영된다. 끝으로, 칼도어식 분석은 주로 생산의 동학이 생산성에 미치는 영향을 고려하는 것으로 반영된다.

자본형성의 강도는 소비 증가율의 함수인데, 이는 다음과 같이 이중으로 해석된다. 포스트 케인지언 전통에 따라 가속도 메커니즘이 인정되는데, 이것은 포드주의에서는 소비재 생산 부문의 현대화가 장비재 생산을 추동하는 가장 중요한 요인이라는 사실을 표현하는 것이기도 하다. 그래서 이 두 번째 방정식은 생산부문 모형의 핵심 특징을 요약해준다(Bertrand, 1983).

소비를 보면, 소비는 케인지언 논리보다는 칼레츠키언 논리에 따른다. 사실 "자본가는 그가 지출하는 것을 벌어들이고, 임노동자는 그가 벌어들인 것을 지출한다"는 미하우 칼레츠키Michal Kalecki의 말은 임노동 관계의 특징인 근본적인 비대칭성을 포착하고 있다. 그래서 소비는 임금총액에 달려 있게 되고, 이 가정은 임노동이 지배적인 활동을 이루는 경제일수록 더욱 타당하다. 노동자와 이윤 수취자가 서로 다른 소비행태를 보일 것으로 가정하는 것은 거의 무리가 없다. 임금의 형성과 관련하여 두 개의 중심 가정이 고려된다. 명목임금은 전적으로 소비자 물가지수에 연동되어 있으므로 적절한 변수는 실질임금이다. 그런데 이 실질임금은 대개 명시적이고 제도화된 방식으로 생산성 향상에 연동되어 있다. 하지만 고용 또는 실업의 상태에 관한 고려가 전혀 없다는 지적을 받을 수 있지만, 그렇게 된 이유는 포드주의에서는 실업의 역할이 거의 미미하다는 사실을 보여주는 계량경제학적 연구들을 받아들이기 때문이다(Boyer, 1978).

다섯 번째 방정식은 외관상 생산과 소비를 같게 만들어주는 간단한 회계 방정식이다. 하지만 이 방정식은 생산에 제약을 가하는 것이 수요의 동학이라고 가정하는, 독특한 경제적 의미를 가지고 있다. 그것은 단기만 고려하는 현대 거시경제학의 가정을 중장기로 확장하는 것이다. 단기 가정은 거시경제학자들(신고전파, 네오 케인지언, 고전파) 거의 모두에 의해 공유되고 있는 관념이어서 우리의 장기 가정이 비판의 대상이 된 적이 있다(Duménil & Lévy, 2002). 그럼에도 투자와 가속도 메커니즘을 통해서건 기술 변화의 강도가 수요 압박에 의존되어 있기 때문이건 생산능력이 수요 변동에 의존한다는 점을 강조한다는 장점이 있다. 마찬가지로, 여섯 번째인 마지막 방정식은 고용의 증가를 생산과 생산성의 경향들 간의 격차로 규정한다. 사실 이 방정식은 고용이 자본/노동 대체 현상들에 의존하는 것이 아니라 수요의 수준 및 생산성의 결정 요인들에 달려 있다는 가정(Boyer, 1999)을 내포한다. 이 가정은 지나친 감이 없진 않지만 그렇다고 그 타당성이 계량경제학적 수치들에 의해 반드시 부정되는 것은 아니다. 이 가정은 성장 모형에 관한 포스트 케인지언의 전통에 입각한 것이다.

지속 가능성을 위한 세 가지 조건

앞서의 방정식들은 포드주의에 적용된 누적적 성장 이론의 전형적인 특징인 이중의 과정을 명시하고 있는 것으로 해석될 수 있다(보론 8의 후반부 참조). 그것은 한편으로는, 수요의 증가율이 주어질 때 생산성은 어떤 경향을 띠게 되는가에 관한 설명이다. 그리고 다른 한편으로는, 생산성의 향상이 주어질 때 소득분배는 어떻게 이루어지며, 그 결과 소비, 투자 및 그에 따른 생산의 증가는 어떻게 되는가에 관한 설명이다. 비유컨대 포드주의 성장은 두 개의 시간적 차원을 가진 엔진과 같다. 먼저 생산성이 성장을 격발시키고, 이어서 성장이 생산성을 자극한다. 이러한 정식화는 말 그대로 그것이 어떤 폭발성을 띤 과정이란 인상을 준다. 왜냐하면 그것은 근본적으로 불균형적인 과정이기 때문이다.

실제로 한 체제가 지속 가능하기 위해서는 경제성장의 궤도가 일시적인 외적 교란에 의해 악영향을 받지 않아야 한다는 점이 중요하다. 이 조건은 생산성에 대한 실질임금의 연동의 정도가 생산성 및 수요 체제에 의거하여 설정되는 두 개의 임계값(상한과 하한) 사이에 있어야 한다는 것을 가정한다. 그 정도가 지나치게 낮다면 경제는 붕괴될 위험이 있고, 반대로 그것이 지나치게 높으면 경제는 폭발할 위험이 있다(보론 9 참조).

그러나 이 조건의 충족만으로는 충분하지 않다. 왜냐하면 소비의 동학을 투자를 설명하는 유일한 요인으로 가정하는 방정식 (2)의 유효성이 위태로워질 정도로 이윤이 불리하게 변동해서는 안 되기 때문이다. 즉 생산성에 대한 실질임금의 연동 정도는 생산성 및 수요의 체제에 달려 있는 또 다른 임계점보다 작아야 하는 것이다.

끝으로, 포드주의 시기의 중요한 특징의 하나를 고려하기 위해서는 고용 증가를 확인할 수 있어야 한다. 이 조건은 수요를 구성하는 자율적인 요소들의 역동성이 노동절약적 기술진보의 경향을 능가할 때 충족된다. 이 점이 바로 네오 슘페테리언이 바라보는 포드주의의 특징인데, 그것은 제품 혁신이 공정 혁신을 능가하는 한 고용은 증가한다는 것이다.

이처럼 포드주의 체제의 존재 조건을 명시할 수 있다는 것이야말로 모형화가 갖는 가장 큰 장점이다. 그것이 지극히 단순한 모형이라 하더라도 그러하다. 이와 대칭적인 관점에서 볼 때 이 모형화로부터 포드주의의 위기를 유발하는 요인들을 진단하는 것도 가능할 것이다.

위기의 원천

이 모형에 의거하면 위기 유발 요인은 다음 세 가지다.

먼저, 포드주의 생산방식이 지금까지 가능하게 했던 '생산성 향상이 고갈'된다면 위기가 발생할 수 있다. 이 요인은 미국에서 관찰된 바 있고(Bowles, Gordon & Weiskopf, 1986), 그보다 좀 뒤늦게 프랑스에서도 나타났다(Coriat, 1995). 다른 조건이 일정하다면, 그로 인해 경제는 불안정의 영역으로 들어설 수 있다.

둘째, 완전고용, 심지어는 초과고용의 유지가 임노동자들의 협상력을 제고시킴으로써 이들이 생산성 향상에 대한 임금의 '연동 강화'를 요구할 수 있게 되었다. 셋째, 단체협상의 기준이 되는 생산성 향상의 예상 수준에 비해 실제로 실현된 생산성 향상의 수준이 낮은 경향을 나타낸다면 '사후적으로' 관찰된 임금의 생산성 향상에 대한 연동의 정도는 결과적으로 더욱 강화된 것으로 나타날 수도 있다(Boyer, 1986b). C2에 의해 규정된 상한선이 돌파되는 순간부터 성장체제는 더 이상 안정을 유지할 수 없게 된다.

끝으로, 급진적인 제품혁신이 지지부진할 때 대량소비의 성숙은 고용에 불리한 변동을 미칠 수 있다. 왜냐하면 공정 혁신이 제품 혁신을 능가하게 되기 때문이다(Lorenzi, Pastre & Toledano, 1980; Real, 1990). 더욱이 포드주의 생산의 성공 자체가 고용이 3차 산업으로 이동하도록 조장한다(Petit, 1986). 여기에는 교육, 보건 및 오락이 포함되며, 이 분야들은 포드주의 방식들의 도입이 '선험적으로' 부적절하다. 조절이론의 초기 저작들(Aglietta, 1976)에서부터 다루어져왔던 주제인 국가의 개입에 의해 수요가 충족되어야 하는 경우에는 위의 지적이 더욱 타당하다. 이 경우엔 심지어 경제가 불안정의 국면으로 들어서기도 전에 경제활동인구의 변동과 고용의 동학 사이에 괴리가 나타날 수도 있다.

게다가 만약 이윤이 부정적인 영향을 받게 되면 투자의 둔화, 심지어는 동결까지 나타날 수 있다. 이렇게 되면 경제는 포드주의에 적합한 영역에서 벗어나 이윤의 악화가 경제활동 수준에 부정적 영향을 주는 이른바 고전파의 영역으로 진입하게 된다.

이것들이 비록 정형화된 사실들이라 하더라도 1970년대에 미국이나 다른 유럽 나라들에서 관찰된 변동들을 상기시킬 수밖에 없다.

보론 8 · 포드주의 성장 모형

방정식

(1) $\dot{PR} = a + b \cdot (\dot{I/Q}) + d \cdot \dot{Q}$ PR: 생산성, Q: 생산

(2) $(\dot{I/Q}) = f + v \cdot \dot{C}$ I: 투자량, C: 소비

(3) $\dot{C} = c \cdot (\dot{N} \cdot \dot{SR}) + g$ N: 고용, SR: 실질임금

(4) $(\dot{SR}) = k \cdot \dot{PR} + h$ k: 생산성 향상 이득의 분배계수

(5) $\dot{Q} = \dot{D} \equiv \alpha \cdot \dot{C} + (1 - \alpha) \cdot \dot{I}$ D: 수요, α: 장기변수로 (C/Q)-1

(6) $\dot{N} \equiv \dot{Q} - \dot{PR}$ 고용의 결정

˚ 는 각 변수의 증가율을 가리킴.

그래프를 이용한 설명

위의 모형은 간단히 다음과 같은 이중의 과정의 결과로 해석될 수 있다.

1. 시장의 성장률이 주어질 때 생산성은 어떤 경향을 띠는가?

〔관계 (I)〕

2. 생산성 변동이 주어졌을 때 임금 및 이윤으로의 소득분배, 그리고 소비 및 투자 증가와 그에 따른 총수요의 증가는 어떻게 되는가?

〔관계 (II)〕

이로부터 다음과 같은 그래프가 도출된다.

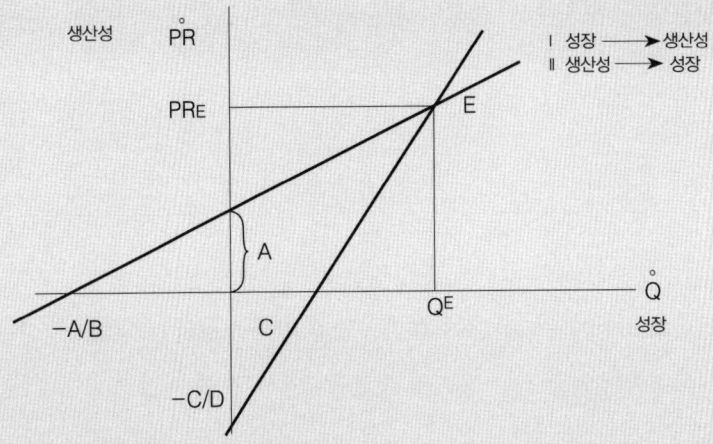

생산성　　PR̊

I 성장 ——→ 생산성
II 생산성 ——→ 성장

PR_E　　　　　　　　　E

A

Q̊

−A/B　　　C　　　　Q^E　　　　성장

−C/D

　모형의 관계식들 중 몇 개를 단순화, 선형화시킨 후 해를 구하면 다음과 같다.

(I)　$\dot{PR} = A + B \cdot \dot{Q}$

(II)　$\dot{Q} = C + D \cdot \dot{PR}$

(III)　$\dot{Q}^E = \dfrac{C + D \cdot A}{1 - D \cdot B}$　　　$\dot{N}^E = \dfrac{C(1-B) + A(D-1)}{1 - D \cdot B}$

여기에서 $A = a + bf$,　　　　　　　$B = bv + d$

$$C = \dfrac{\alpha \cdot (c \cdot h + g) + (1-\alpha) \cdot f}{1 - \alpha \cdot c - (1-\alpha) \cdot v}$$ 그리고 $$D = \dfrac{\alpha c \cdot (k-1)}{1 - \alpha \cdot c - (1-\alpha) \cdot v}$$

보론 9 · 포드주의 성장의 선순환을 위한 조건

1950~67년의 시기를 관찰해보면 다음 세 가지 핵심 특징이 나타난다. 그것은 고용의 미약한 증가 경향, 경기변동의 상대적 안정 그리고 적어도 처음에는 이윤 몫에 대한 뚜렷한 반대 경향의 부재이다. 이 모형으로부터 어떤 기술 및 제도적 조건하에서 이 세 가지 속성이 충족될 수 있는지를 결정할 수 있다.

· 고용이 증가하기 위해서는 수요의 자율적인 구성요소들(투자와 소비)의 역동성이 노동절약적 기술진보의 경향을 능가해야 한다. 〈조건 C1〉

· 성장 경로가 단기 불균형들을 자동적으로 교정하는 과정에 의해 안정화되기 위해서는 생산성에 임금이 연동되는 정도가 기술의 특징 및 수요형성에 의해 결정되는 두 개의 임계점 사이에 있어야 한다. 〈조건 C2〉

· 이윤 몫이 불리하게 변동하지 않으려면 임금의 생산성에 대한 연동의 정도가 기술 파라미터와 수요에 의해 결정되는 또 다른 임계값보다 작아야 한다. 〈조건 C3〉

C1 $\dfrac{C(1-B)+A(D-1)}{1-D \cdot B} > 0$ 고용 증가의 조건

C2 $1 - \dfrac{|1-\alpha c-(1-\alpha)v|}{\alpha c\,(bv+d)} < k < 1 + \dfrac{|1-\alpha c-(1-\alpha)v|}{\alpha c\,(bv+d)}$ 성장경로의 안정 조건

C3 $A + B \cdot \left(\dfrac{C+D \cdot A}{1-DB}\right) \geq \dfrac{h}{1-k}$ 이윤 몫이 경향적으로 하락하지 않을 조건

4. 다수의 축적체제를 갖는 일반모형

제2차 세계대전 이후의 성장체제들이 한계를 드러내고 있다는 것은 1970년대부터 대부분의 경제주체들에게 분명한 사실로 드러나기 시작했다. 이 한계들은 포드주의의 위기와 관련된 것도 있지만 국제통화제도의 불안정과 연관된 것도 있다. 우선, 이 한계들로 인해 경제정책이 선회했고, 이어서 몇몇 제도 형태들의 정당성에 의문이 제기되었다. 통화주의가 케인즈주의의 정당성을 논박하는 첫 번째 기수로 등장했고, 이어서 고전파 관념이 순식간에 득세했다. 이 관념에 의하면, 그때까지 수요의 역동성을 조장하는 요인으로 간주되었던 임금이 이젠 갈수록 기업의 수익성과 국민경제의 경쟁력을 해치는 부담으로 간주된다. 그 결과 많은 보수주의 정부들이 노동 규제로 되돌아갔고, 경쟁과 국제 개방을 촉진했으며, 국가의 역할을 재검토했다. 1980년대 초가 되면, 적어도 정치적 담화에서는, 포드주의와 정반대되는 다음과 같은 관념이 득세하는 경향이 나타나기에 이르렀다. 그것은 오늘의 임금 축소가 이윤을 증가시키고, 이는 내일의 투자와 모래의 고용을 유발한다는 관념이다. 이것은 '슈미트 정리'로 익히 알려져 있다. 프랑스에서 경쟁력 강화를 위한 디스인플레이션 정책 용어로 유명해진 전략의 첫 번째 단계가 바로 이러한 관념에 입각한 것이다(Lordon, 1997). 국제적 차원에서는 이 전략이 '신자유주의 보수 정책'이란 이름으로 알려져 있다(Bowles, Gordon & Weiskopf, 1986 ; Boyer, 1990). 어떻게 하면 이러한 체제가 생명력을 가질 수 있을까?

경쟁 관련 요인들의 재도입

이 새로운 경제정책 담화로부터 포드주의 모형에 경쟁 관련 메커니즘들을 연결시켜 포드주의 모형을 일반화하는 과업이 필요하게 되었다. 또한 그것은 이 모형의 극단적인 사례로서 19세기에 전형적으로 나타났던 경쟁적 조절하의 외연적 축적체제들을 분석하는 방법이 될 수도 있다. 여기서는 두 개의 일반화를 시행하는 것으로 충분하다. 첫째, 투자는 소비의 변동과 이윤 둘 다에 동시에 의존한다. 둘째, 실질임금은 더 이상 생산성에만 달려 있는 것이 아니라 '노동시장'(보론 10 참조)의 상황을 보여주는 척도인 고용 증가에도 달려 있다.

생산성 및 수요 체제의 다양성

이렇게 모형을 확장해본 결과 생산성 체제와 수요 체제 둘 다 그 각각이 취할 수 있는 구도가 상당히 풍성해졌다. 생산성 체제의 경우엔 생산성이 생산과 더불어 향상될 수 있다는 점이 확인될 수 있다. 즉, 생산성 향상은 높은 수확 체증과 임금형성의 생산성 향상에 대한 연동 정도가 제한적인 포드주의 경우에서만이 아니라 성장이 이윤을 증가시키고 이윤이 생산성 향상의 원천인 투자를 조장한다는 전형적인 고전파적 경우에서도 나타날 수 있다는 것이다. 수요 체제와 관련해 보면 임금이 주로 경쟁적인 방식으로 형성되고 투자는 거의 이윤에 의존한다는 고전파적 경우에 있어서도 수요는 생산성과 더불어 증가할 수 있다는 것이다. 그렇다면 고전파적 직관에 조응하는 축적체제가 가능한 것으로 보인다.

또한 '하이브리드 체제'도 존재할 수 있는 것으로 보인다. 수확 체증이 존재한다 할지라도 임금의 연동 정도가 지나치게 높을 때 생산성과 성장 사이에 부정적인 관계가 관찰될 수 있었다. 이와 마찬가지로 생산성에 비례하는 수요 체제의 존재를 위해서는 임금의 연동으로 충분하지 않다. 왜냐하면 이윤의 역할 강화만으로도 수요 체제는 전복될 수 있기 때문이다.

서로 다른 생산성 체제와 수요 체제를 결합시키면 다양한 구도들을 얻을 수 있다. 하지만 그중에는 활력 있는 축적체제와 조응하는 구도도 있고, 위기 상황에 복무하는 구도도 있다.

다시 시기구분으로

이러한 유형화로부터 앞서 제시된 연속된 시기들에 관한 보다 분석적인 해석이 가능해진다(그림 10 참조).

'19세기'의 특징은 자본축적이 생산성에 강력한 영향을 주지만 수확 체증은 미약했다는 데 있다. 임금 형성은 대체로 경쟁적으로 이루어졌고, 투자는 이윤에 의존했다. 파라미터들에 적절한 수치가 주어진다면 앞에서 경쟁적 조절하의 외연적 축적으로 규정된 축적체제가 확립될 수 있고, 완만하지만 안정된 성장을 이끌어낼 수 있다.

'양차대전 중간기'에는 대량생산에서 전형적으로 나타나는 막대한 수확 체증이 부각된다. 임금은 그 직전 시기에서와 마찬가지로 여전히 주로 경쟁적인 기반 위에서 형성되었다. 반대로, 새로운 현상은 투자가 수요에 대해 민감해졌다는 사실이다. 이 수요에는 그 수가 대폭 늘어난 임노동자들의 수요가 추가되었다. 이 때문에 성장률은 높아졌지만 성장의 과정은 불안정해졌는데, 이는 주로 실질임금의 생산성 연동의 부재로 인해 수요와 생산성 간의 관계가 부정적이었기 때문이다. 바로 이 점을 감안할 때 1929~32년의 위기는 대량소비 없는 내포적

그림 10 축적과 그 위기의 시기구분

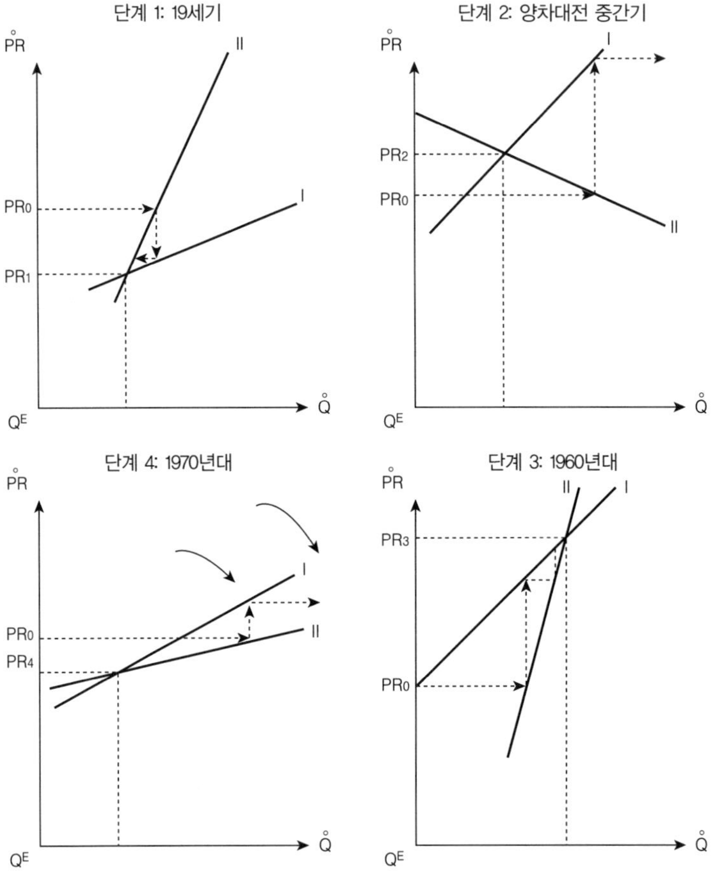

단계 1: 19세기

단계 2: 양차대전 중간기

단계 4: 1970년대

단계 3: 1960년대

출처: Boyer, 1988a, p. 619.

축적체제의 위기로 해석될 수 있다.

'영광의 30년 시기'는 어떤 의미에서는 양차대전 사이의 연장으로 볼 수 있다. 그 이유는 과학적 노동관리 방법이 더욱 추종되었고, 수요 동학에 대한 투자의 의존성이 심화되었다는 점에 있다. 모형화를 통해 중대한 변화가 이루어졌음을 알 수 있는데, 그것은 임노동자들에게 '진보의 배당금', 즉 생산성 향상 이득의 분배에 참여할 수 있도록 만들어준 포드주의적 임노동 타협이 이루어졌다는 점이다. 미국을 대상으로 한 계량경제학적 추정(Leroy, 2002)은 이 변화가 대량소비에 기초한 활기찬 내포적 축적체제인 포드주의로 이행될 수 있을 정도로 충분히 이루어졌음을 재확인해준다.

'고통의 20년'(1970~80년대) 시기는 서로 다른 변화들이 결합되어 이루어짐으로써 포드주의 체제가 소멸되고 있음을 보여준다. 가장 결정적인 현상은 포드주의 산업들이 성숙 단계에 도달함으로써 수확 체증 효과가 거의 사라지고, 이에 따라 생산성 향상이 대폭 둔화되었다는 것이다. 이 현상은 먼저 미국에서 뚜렷이 나타난 후 다른 공업국들에서도 나타났다. 어떤 유럽 국가에서는 임금의 과도한 연동으로 이윤이 압박을 당했고, 이는 기존의 선순환을 와해시키는 데 기여했다. 끝으로, 자유화 전략은 국제적 및 국내적 차원의 경쟁을 심화시켰고, 이는 투자의 결정 요인들에도 반영되었다. 즉 투자의 결정에서 이윤이 임노동자들의 수요보다 더 큰 비중을 차지하게 되었는데, 이 현상은 국민경제가 국제무역에, 이어서 자본의 이동에 개방되어 갈수록 더욱 현저하게 나타났다. 이로 인해 경제성장은 대폭 둔화되었고, 영광의 30년 기간과는 전혀 다른 경기변동 연쇄가 나타났다. 그리고 반복 재현되는 불안정을 통제하기 위해, 특히 제2차 세계대전 이후의 시기에 정착된 제도적 유산들을 혁파하기 위해 공권력의 개입이 지속되었다.

보론 10 · 축적체제: 일반 모형

경쟁적 조절양식들을 다루기 위해서는, 포드주의 축적체제의 변형에 관한 자유주의적 전략의 영향을 다룰 때와 마찬가지로, 앞서 제시된 성장모형(보론 4 참조)을 일반화하는 것이 중요하다. 고전파적 연쇄의 기본사항은 다음과 같다. 경쟁적 임금형성이 고이윤을 가능케 하고, 고이윤은 투자를 증가시키며 이는 결국 생산성을 제고한다는 것이다. 이어서 성장의 회복—투자에 의해 주도되는 혹은 개방경제에서 수출에 의해 주도되는—은 종국적으로 고용의 역동성을 초래한다. 이상적인 상태라면 고전파적 선순환은 다음과 같이 제시된다.

고전파적 성장의 연쇄

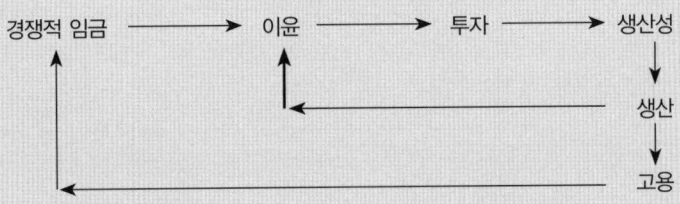

사실, 분석의 필요상, 이 메커니즘들은 실질임금과 생산성 간의 동기화에 관한 포드주의의 완결 메커니즘들과 결합될 것이다. 이를 위해서는 다음과 같은 두 개의 일반화를 도입하는 것으로 충분하다.

투자율은 소비의 증가율 및 부가가치에서 차지하는 이윤의 몫에 동시에 달려 있다 (방정식 2'). 이 방정식은 특정의 사례로 순전히 고전파

적 가정(v=0, u>>0)은 물론 전형적인 포드주의적 가정(v>>0, u=0)
을 포함하고 있다.

실질임금은 상반되는 두 개의 결정요인을 결합시킨다. 그 하나는
생산성 향상의 명시적인 분배이고, 다른 하나는 경쟁 효과인데, 이는
고용에 대해 실질임금이 양의 탄력성을 갖는다는 것을 의미한다(관계
4'). 구도들은 전형적인 포드주의 경우(k>0, I=0)로부터 완전경쟁적
인 경우(k=0, I>>0)에 이르는 순서로 나열된다.

이로부터 앞의 모형에 비해 다음과 같은 세 가지 변화가 일어난다.

$$(2') \ \frac{I}{Q} = f + v \cdot \dot{C} + u \left(\frac{PRO}{Q} \right)$$

I: 투자량, $\dot{C}$: 소비 증가율,
PRO/Q: 이윤 몫

$$(4') \ \dot{SR} = k \cdot \dot{PR} + \ell \cdot \dot{N} + h$$

ℓ: 고용에 대한 실질임금의 탄력성

$$(7) \ PRO = Q - SR \cdot N$$

이윤의 결정

단순화와 선형화를 거친 후 얻어지는 해는 앞서와 동일한 일반적 형
태를 취하지만 그 내용은 다음과 같이 새롭게 표현된다.

$$A = \frac{a + bf + vg + b(vc - u) \cdot h}{1 - b(vc - u) \cdot (k - 1 - \ell)}$$

$$B = \frac{b[vc(1 - \ell) - 1] + d}{1 - b(vc - u) \cdot (k - 1 - \ell)}$$

$$C = \frac{(1 - \alpha)f + (ch + g)[\alpha + (1 - \alpha) \cdot v] - h(1 - \alpha)u}{1 - [\alpha + (1 - \alpha)v] \cdot (1 + \ell) + \ell(1 - \alpha) \cdot u}$$

$$D = \frac{[\alpha c + (1 - \alpha)v]vc - (1 + \alpha)u] \cdot (k - \ell - 1)}{1 - [\alpha + (1 - \alpha)v] \cdot c(1 + \ell) + \ell(1 - \alpha) \cdot u}$$

5. 결론: 포드주의, 중요한 개념이지만 유일무이한 개념은 아니다

지금까지의 개관으로부터 조절이론이 포드주의에 어떤 지위를 부여하는지를 이해할 수 있을 것이다. 포드주의란 용어는 성장의 급속성과 안전성 측면에서는 물론 생활수준의 향상이란 측면에서도 갈수록 예외적인 것으로 보이는 특정의 한 시기를 파악할 수 있게 해준다. 이 시기는 장기역사에서 단절된 한 시기로 그리고 1980~90년대의 왜소하기 짝이 없는 성과와는 대조되는 성과를 거둔 시기로 기록될 수 있다. 이로부터 이 축적체제의 독특함에 관한 진단이 강화된다. 실제로 이 축적체제는 안정적이고 높은 이윤수준과 임노동자들의 소득증가가 조화를 이룰 수 있도록 만들어주었고, 역동적인 효율성과 불평등 완화 간의 결합 그리고 역동적인 민간부문과 풍부한 공공 개입 간의 결합을 가능하게 했다.

그러나 이러한 해석은 이론적 구축이 가져다준 여러 결과들 중의 하나에 지나지 않는다. 포드주의 체제는 그에 앞서서 그것과는 상이한 속성들을 가진 다른 체제들을 계승한 것이고, 바로 그 성공으로 인해 위기에 빠졌다. 이때부터 조절이론은 어떤 체제가 포드주의 체제의 뒤를 이을 수 있을 것인지를 진단하는 데 거의 모든 노력을 투입하고 있다. 끝으로, 서론에서 지적했다시피 이러한 문제의식을 가질 수 있었던 것은 바로 포드주의의 위기에 대한 관찰이 계기가 되었다. 이제 이러한 문제의식하에서 그동안 이루어져온 위기 분석으로부터 얻은 성과에 대해 잠정적인 결산을 해볼 차례다.

제4장

위기 이론

이 장의 주제인 위기는 앞의 장들에서 이미 언급된 바 있지만, 여기서
는 위기의 정의, 원인 및 전개를 중심으로 보다 체계적인 분석을 하고
자 한다. 사실 조절이론의 개념들은 특정 조절양식과 축적체제의 '존
립'을 보장하는 요인은 물론 이것들을 '불안정하게' 만드는 요인도 함
께 고려할 수 있도록 구상되었다. 조절이론은 다른 현대 거시경제학
이론에 비해 대단히 독창적인 방식으로 구축되었다. 조절이론은 아날
학파로부터 영감을 받긴 했지만 단순히 경제사적 연구를 반복하는 데
머무르지 않는다. 위기의 발생이 '다양한 형태'를 취한다는 것은 명백
한 사실이지만, 그렇다고 해서 이 점이 위기를 유발하는 몇 개의 '기
본 메커니즘'을 해명하는 데 방해가 되는 것은 아니다. 왜냐하면 위
기들은 특정의 추상 수준에서는 불변적인 요소들을 가지고 있기 때
문이다.

1. 성장/위기의 변증법

활발한 축적을 위한 조건을 강조하는 것은 그와 동시에 해당 축적체제를 불안정하게 만드는 요인에도 관심을 가진다는 것을 의미한다. 마르크스주의 계보에 충실한 조절이론은 경기변동의 양상이 경쟁과 임노동 관계와 같은 제도 형태들의 성격에 의해 결정된다고 본다. 예컨대 경기 확장기에는 과잉축적 경향이 나타나지만 이 과정에서 생겨난 불균형들이 불황, 공황 또는 위기의 국면에서 해소되거나 조정된다는 것이다.

일반 개념

이처럼 조절이론은 생산양식이란 개념을 다시 그 핵심 준거로 채택한다. 왜냐하면 이 개념 덕분에 시장들 전체에 걸쳐 작동하는 경쟁만이 아니라 축적을 결정하는 또 다른 한 요인이 추가로 도입될 수 있기 때문이다. 그것은 바로 임노동 관계의 형태에 미치는 영향이란 요인이다. 마찬가지로 경제성장은 기술진보에 따른 당연한 결과로 간주되는 것이 아니라 제도 형태들 전체가 정합성을 가지고 있다는 것을 표현해주는 것으로 해석된다. 이러한 해석이 다른 경제이론들의 해석과 다르다는 점은 위기를 해석할 때 더욱 뚜렷이 드러난다. 대부분의 거시경제학에서 위기는 시장의 불완전성 또는 부적절한 위기 예방 정책에 기인하는 것으로 간주되지만, 조절이론에서 위기는 조절양식과 축적체제의 특성을 반영하는 것에 지나지 않는다(표 4 참조).

이에 따라 조절이론이 위기의 해명에 기여한 바는 조절이론이 영감을 받았던 세 가지 원천에 준거하여 제시될 수 있다.

표 4 표준이론과의 비교

	표준이론	조절이론
일반 개념	상호의존적인 시장들 전체	제도 형태들의 총체로서의 자본주의
성장 요인	기술진보(외생적/내생적)	축적체제의 (국지적, 일시적) 지속 가능성
위기의 원천	시장의 불완전성 경제정책의 오류	조절양식과 축적체제의 경향들 그 자체

위기 분류의 잠정적인 완성

시장이 더 이상 교환의 유일무이한 조직 형태로 간주되지 않는 경제에서는 조정이 제대로 이루어지지 않는 다양한 상황이 조성될 수 있다(보론 11 참조). 우선, 조정 불능은 국제적 위기의 영향, 분쟁, 자연재해처럼 익히 알려져 있는 외생적 충격에 의해 나타날 수 있다. 그러나 통상 거시경제 변수들은 그 수치가 경기 상태에 따라 변하게 마련인데, 이러한 현상은 조절양식이 제대로 작동하고 있음을 말해주는 것에 지나지 않는다. 왜냐하면 일반적으로 과잉축적 경향이 주기적으로 흡수될 수 있게 해주는 것이 바로 조절양식의 기능이기 때문이다. 이처럼 불균형들이 '동일한 조절양식하에서' 심각한 변형을 유발하지 않은 채 흡수되고 있다는 점에서 경제의 활력에는 문제가 없지만, 그래도 이러한 현상이 언론사 경제평론가나 당대인들에게는 일종의 위기로 간주될 수 있다.

그러나 이것만이 위기의 유일한 형태는 아니다. 현실에서는 축적 사이클이 반복되면서 작동 중인 축적체제의 파라미터들이 서서히 변경되고, 그래서 축적체제에 조응하는 메커니즘들이 더 이상 교정자가 아니라 불균형을 야기하는 요인으로 판명되는 일이 있을 수 있다. 이런 위기적 상황은 축적의 둔화, 심지어는 중단으로도 경기가 자생적으로 회복되지 않는다는 사실에 의해 확인될 수 있다. 조절론자들은 초기 작업에서 이러한 상황을 '대위기' 또는 '구조적 위기'로 규정한 바 있다.

이러한 최초의 구별로부터 시작된 연구가 진전되어가면서 위기의 분류는 갈수록 풍부해졌다. 특히 '조절양식의 위기'와 '축적체제의 위기'의 구별이 유용한 것으로 밝혀졌다. 조절양식의 위기에서는 경제성장에 불리한 일련의 경기변동이 전개되어도 축적체제는 활력을 유지할 수 있다. 이와는 반대로 축적체제의 위기에서는 축적체제의 원리자체가 문제시되기 때문에 그 심각성이 조절양식의 위기에서보다 더크다. 끝으로, 제도 형태들의 재편 시도가 실패하게 되면 생산양식을 형성하는 기본적인 사회관계들이 위태로워지는데, 이런 경우를 '생산양식의 위기'라 부를 수 있다.

조절이론이 조탁한 기본 개념들로부터 도출되는 이러한 위기 유형론이 추상적인 것으로 보일지도 모른다. 하지만 이와 유사한 개념구상이 아날학파로부터 영감을 받은 수많은 경제사 작업들에도 함축되어 있다. 나아가 1970년대부터 반복해서 발생하고 있는 위기들은 조절이론이 제시하는 위기 유형론이 현실 설명력을 가지고 있음을 보여준다.

위기의 역사를 읽는 틀

위에서 제시된 위기의 각 유형은 지난 역사 속에서 실제로 관찰될 수 있으며, 또 이러한 위기 유형론은 현대의 위기들의 성격을 명확히 하

표 5 위기의 유형화

유형	과거의 예	현대의 예
1. 명백한 외적 충격	조달 위기	1973년 및 1979년 석유위기, 제1차 및 제2차 이라크 전쟁
2. 조절의 일부분으로서의 위기	19세기의 경기변동	독점적 조절하의 스톱앤드고
3. 조절양식의 위기	미국의 1929~32년의 재생산이 불가능한 경기변동	1960년대 가속화된 인플레이션과 소득의 물가 연동 요구
4. 축적체제의 위기	대량소비 없는 내포적 축적	1990년대 일본의 위기, 1997년 아시아 위기
5. 생산양식의 위기	봉건주의의 위기	소비에트 경제의 붕괴

는 데에도 기여할 수 있다(표 5 참조).

(1) 항상 존재하는 충격

기후 변동으로 대변되어온 외부 충격은 현대 경제에서는 원자재(특히 석유) 가격, 이자율 또는 환율의 급등락 등 국제경제로부터 가해지는 교란으로 나타나기도 한다. 따라서 이 '첫 번째' 유형의 위기는 계속해서 관찰되고 있긴 하지만 그것이 미치는 영향은 각국에서 작동 중인 조절양식의 성격에 따라 달라진다. 1973년 이래 '석유 파동'이 여러 차례 발생했지만 불황이 동일한 규모로 반복되지는 않았다는 사실은 주목할 만하다. 왜냐하면 그동안 에너지 소비율이 전반적으로 줄어들었고 경쟁의 격화로 각국 정부의 에너지 관리방식이 크게 바뀌었기 때문이다.

(2) 포드주의 조절의 표현인 '스톱앤드고'

그러나 이처럼 '외부에서 가해지는' 충격이 없다 하더라도 축적은 특정 조절양식하에서 확장(호황)과 쇠퇴(불황)의 반복이라는 경제적 동학을 생성한다. 이러한 경기변동은 '영광의 30년'이라 불리는 시기에도 나타났었다. 이에 대해 전통적으로 경기부양과 안정화라는 이른바 '스톱앤드고stop-and-go'로 특징지어지는 경제정책의 운용으로 대처했다. 그래서 포드주의적 조절에서 축적의 리듬은 경쟁적 조절하에서 경기변동의 형태로 나타났던 축적의 리듬과는 다른 형태를 취하게 되었던 것이다. 그럼에도 불구하고 주목해야 할 점은 이 두 경우〔경쟁적 조절과 포드주의적 조절—옮긴이〕 모두에서 위기는 제도 형태들의 변경 또는 예외적인 정치적 개입 없이도 극복될 수 있다는 것이고, 바로 이 때문에 이 두 유형의 위기는 '조절양식 작동하의 위기'로 간주될 수 있다는 것이다.

(3) 재생산이 불가능한 경기변동, 즉 조절양식의 위기

이와는 반대로 기존의 조절양식하에서는 경기가 쇠퇴 국면에서 회복 국면으로 전환되는 것이 내생적 방식으로는 이루어질 수 없는, 그러한 상황이 역사적으로 실재했다. 예를 들어 사회적 축적 구조Social Structure of Accumulation(SSA)란 개념을 사용하는 경제학자들은 1929~32년 미국의 대공황을 해명하면서(Bowles, Gordon & Weiskopf, 1986) 이 위기를 재생산이 불가능한〔혹은 성장에 유리하지 않은 경기상태를 성장에 유리한 상태로 역전시킬 수 없다는 의미—옮긴이〕 위기로 규정했다. 그들에 따르면 침체된 경제활동이 회복되기는커녕 오히려 더 위축되었고, 이는 어떤 내생적 회복 과정도 작동하지 않았음을 의미한다는 것이다. 이러한 위기야말로 조절양식의 위기라 할 수 있다. 그러나 엄밀히 말해 1929년의 대공황은 경쟁적 조절양식의 위기다. 이런 유형의 위기는 나중에 독점적 조절의 경우에도 관측된다. 물론 차이점이 없는 것은 아니다. 독점적 조절의 위기에서 축적의 긴장을 드러내주는 것은 인플레이션이다. 인플레이션의 심화와 더불어 소득을 인플레이션에 연동해달라는 요구가 거의 모든 소득계층으로 확산된다(Boyer & Mistral, 1982). 인플레이션은 일정 한도를 넘어서게 되면 조절자로서의 능력을 상실하게 되고, 이때부터 조절양식의 위기가 전개된다.

(4)1929년의 대공황과 포드주의의 위기: 축적체제의 위기

조절양식의 위기가 축적체제의 활력을 해치는 경우가 있을 수 있다. 이러한 상황은 1929년 이후의 미국에서 실제로 나타났고, 현대에 들어서는 포드주의의 위기에서 관측된 바 있다. 첫 번째 사례에서는 대량소비 없는 내포적 축적체제의 부정합이 문제가 되었지만, 두 번째 사례에서는 적절한 제도 환경을 만들어낼 능력이 없었다는 점이 위기를 초래했다. 이 두 사례는 제3장에서 이미 분석한 바 있다(그림 11 참조). 이론적으로 '축적체제의 위기'는 조절양식의 위기보다 훨씬 더 장대한 영향을 미친다. 이 두 개의 실제 사례가 증언하듯이 조절양식의 위기가 해소되지 못할 때 축적체제의 위기로 이어질 수 있는 것이다.

(5)소비에트 생산양식의 대위기

끝으로, 제도화된 타협을 위한 재협상이 봉쇄될 때, 특히 정치적으로 그러할 때, 발전양식의 위기는 구체적인 제도 형태들만이 아니라 이것들이 대변하는 기본적인 사회관계들마저 위태로워지는 상황으로 진전될 수 있다. 에르네스트 라브루스Ernest Labrousse가 분석했던 것처럼 봉건주의의 위기는 소비에트 체제하에 있던 경제들의 붕괴와 놀라울 정도로 뚜렷한 유사성을 보여준다. 고르바초프Gorbatchev 전 대통령이 시도한 개혁들이 성공하지 못했기 때문에 소비에트 체제를 떠받치고 있던 두 개의 기둥이 흔들리게 되었다. 그 하나는 생산수단의 집단적 소유 및 고스플란Gosplan에 의한 경제의 관리이고, 다른 하나는 정치적 영역에서 공산당에 의한 독점적 장악이다. 이러한 점에서 '생산양식의 위기'가 거론될 수 있다.

위기 유형을 이렇게 다섯 가지로 구분하는 것은 조절이론의 기초를 이루는 것으로 볼 수 있다. 왜냐하면 이러한 유형화를 통해 당대의 위기만이 아니라 역사상 존재했던 모든 위기를 더욱 명료하게 드러내줄 수 있고, 나아가 위기 연구가 더욱 축적되면 위기를 초래하는 몇 가지 보편적인 메커니즘의 도출도 가능해질 것이기 때문이다.

보론 11 · 동일한 제도 환경의 내부에서 발생하는 위기의
다섯 가지 유형

조절이론은 위기를 다섯 가지 유형으로 구별한다. 아래에서는 이 위기 유형들이 그 심각성이 커지는 순으로 나열되어 있다. 이는 위기가 심각할수록 보다 더 핵심적인 제도 형태들이 연관된다는 것을 의미한다.

1. 외적 교란으로서의 위기
자연재해나 기상이변과 연계된 물자부족 사태 혹은 외국 특히 국제적 공간에서 발생한 경제적 붕괴, 심지어는 전쟁의 발발 등으로 인해 특정 지리적 단위의 경제적 재생산 과정이 중단되는 그러한 위기를 말한다.

2. 조절양식이 건재하고 있음을 말해주는 내생적 혹은 순환성 위기
특정 시기 특정 국가에서 지배적인 조절양식 —경제적 메커니즘과 사회적 규칙성들— 내에서 확장기에 누적된 긴장과 불균형들이 흡수되는 국면을 말한다. 이러한 의미에서 볼 때 축적에 유리한 국면과 불리한 국면의 반복은 해당 제도 형태들로부터 직접 발생하는 결과이며, 이 제도 형태들은 이러한 순환성 위기로부터 아주 완만하게 그리고 부분적으로 침해를 받을 뿐이다.

3. 조절양식의 위기

작동 중인 '조절양식'과 연계된 메커니즘들이 경제성장에 불리한 일련의 경기변동을 역전시킬 수 없다는 사실이 확인되는 그러한 위기를 말한다. 그러나 적어도 이 위기의 초기에는 '축적체제'가 활력을 유지할 수 있다.

4. 축적체제의 위기

'축적체제'를 조건짓는 가장 핵심적인 제도 형태들이 한계에 부닥침으로써 모순들이 급속하게 심화되는 현상을 가리킨다. 축적체제의 위기는 조절의 위기를 내포하고 있다는 점에서 결국 총체적인 발전양식의 위기이기도 하다.

5. 생산양식의 위기

이 위기는 특정 '생산양식'에 고유한 사회관계들 전체가 붕괴되는 경우를 말한다. 달리 말해서 제도 형태들의 구도 전체가 한계에 부닥침으로써 작동 중인 사회관계들이 위태로워지고 그 폐지가 촉진된다.

2. 발전양식의 활력의 내생적 고갈

조절양식의 작동하에서 이루어지는 축적 과정의 특징은 호황과 불황의 국면이 반복되는 데에 있다. 이때 축적의 회복을 보장하는 것이 바로 제도 형태들의 지원하에 시행되는 조정 게임이다. 하지만 경기변동이 계속됨에 따라 이 조정 과정에 다양한 변화가 초래된다. 중요한건 이러한 변화가 다름 아닌 조절양식의 성공 때문에 나타난다는 점이다.

포드주의의 위기

포드주의 체제의 위기는 바로 이러한 방식으로 해석될 수 있다. 1930년대의 위기는 근본적으로 대량소비 없는 내포적 축적체제의 부정합성에 기인한 것인데, 이 때문에 이 위기가 그토록 난폭하게 전개되었던 것이다. 그런데 '독점적 조절' 덕분에 수십 년 동안 정합성을 유지해왔던 포드주의 체제에서는 위기의 발생 메커니즘이 전혀 다르다. 사실, 포드주의 체제는 소소한 변형들이 누적되면서 취약해졌고, 명백히 외생적인 충격(유가 폭등)에 대응하는 과정에서 흔들리는 상태에까지 이르렀던 것이다.

1950년대 중반부터 고속의 경제성장이 이어지자 1930년대의 대공황의 재발에 대한 우려는 서서히 사라져갔다. 왜냐하면 성장의 단순한 둔화, 즉 불황만 볼 수 있었기 때문이다. 그러나 이 조절양식의 성공이 인정되는 순간부터 완만한 구조적 변화가 일어나기 시작했다. 이러한 변화가 처음에는 소소한 것으로서 그렇게 큰 영향을 미치는 것은 아니라고 생각되었지만, 그것이 누적되면 조절양식의 활력이 저해

될 수 있는 것이었다. 이 조절양식에서는 속성상 인플레이션이 거시경제적 조정의 핵심 변수 역할을 하기 때문에 소비자 물가지수와 같은 일반적 물가지수에 소득을 연동시켜 인상해달라는 요구가 일반화된다고 해서 놀랄 일은 아니다. 그러나 그런 일이 현실화되어 물가연동이 거의 완벽하고 즉각적으로 이루어지게 되는 순간 인플레이션은 조절자로서의 능력을 완전히 상실하게 된다(Boyer & Mistral, 1982). 그 결과 인플레이션은 가속화되고, 이로 인해 통화금융 시스템이 불안정해질 수도 있다.

위기의 두 번째 요인은 생산성 향상을 둔화시키는 경향을 가진 메커니즘들이 작동하고 있음에도 불구하고 과거처럼 생산성 향상이 지속될 것이라는 예상하에서 임금 협상이 이루어진다는 사실에 있다. 한편으로, 경제는 대량생산 패러다임이 가진 순전히 기술적인 한계에 부닥칠 수 있다(Boyer & Juillard, 2002). 다른 한편으로, 경제가 완전고용 상태에 가까워지면 노동 강도의 약화 경향이 나타나고, 이를 보상하기 위해 노동 통제 관련 비용이 증가한다(Bowles, Gordon & Weiskopf, 1986). 이러한 메커니즘들은 결국 포드주의 축적체제의 활력을 저해할 수 있는 요인들인데, 이 요인들이 1960년대 말부터 실제로 작동하기 시작했다. 조절양식의 성격을 결정하는 파라미터들의 점진적인 변화를 감안하면 축적체제가 활력 상태에서 불안정 상태로 바뀌게 되는 이유를 설명할 수 있다(그림 10 참조).

내적 신진대사: 하나의 정식화

조절이론의 핵심 목적에 부응하기 위해서는 성장의 시기와 위기의 시기를 동일한 분석틀로 분석하는 것이 중요하다.

(1)두 개의 시간대

이것이 가능하게 된 것은 바로 다음과 같은 두 개의 시간대를 구별하는 정식화를 통해서다. 그 하나는 조절양식에 의해 조정이 이루어지는 단기고, 다른 하나는 제도 형태들의 변형과 기술 변화가 일어나는 장기다(Lordon, 1996). 포드주의가 성숙해감에 따라 소득이 증대하고, 소득 증대에 따른 제품 차별화는 로지스틱 함수(S자 커브—옮긴이)의 형태로 생산성에 영향을 준다는 아이디어가 채택된다. 이로부터 다음과 같은 경제적 가설들이 제시된다. 첫 번째 가설은 처음에는 용이했던 제품 차별화가 갈수록 어려워져 생산성 향상이 일정한 한계에 부닥친다는 것이다. 두 번째 가설은 여러 가지 시간대를 구별하는 순간 경기변동의 양상을 고려하는 것이 중요해진다는 것이다. 끝으로, 마지막 가설은 이러한 단기 동학에 다음과 같은 완만한 (장기—옮긴이) 동학이 부가된다는 것이다. 즉 소득이 증가할수록 제품 차별화 요구도 증대되고, 이에 따라 생산성 이득의 창출 역시 갈수록 어려워진다는 것을 말한다(보론 12 참조).

(2)불연속으로서의 위기

중기의 속성은 선형모델(보론 8 참조)의 속성과 거의 동일하다. 즉, 강력하고 안정된 성장이 이루어지지만 경기변동이 동반된다. 반대로 장기적으로는 생산의 비선형성으로 인해 다음과 같은 독특한 동학이 나타난다. 해당 시기의 초기에는 생산성 둔화가 완화되는데 그 까닭은 소득의 증가가 소비와 생산의 차별화를 촉진하기 때문이다. 성장의 리듬은 계속 약화되어 일정한 임계점에 도달하게 되는데, 이때부터는 제품 차별화가 대량생산의 가능성을 위태롭게 만든다. 그리고 당연하게도, 그 후엔 성장과 고용의 리듬이 급속하게 약화되는 현상이 관찰된다. 이처럼 일련의 소소한 변형이 계속해서 이루어짐에 따라 결국 성장의 속도가 급격하게 그리고 대폭 하락하게 되는 것이다.

(3)외부 충격이 수행하는 역할을 넘어서

또한 이 모델의 독창성은 강력한 성장에서 미약한 성장으로의 이행이 비가역적인 성격을 띤다고 가정하는 데 있다. 위기와 소득 감소의 효과로 인해 제품 차별화가 후퇴한다고 해도 경제가 높은 성장률을 회복하는 것은 불가능해질 것이다. 질적 측면에서 보면 이 모델의 속성은 포드주의 위기에서 관찰되는 급격한 변화들과 조응한다. 이 변화들은 석유 가격의 급등과 연계되어 있었고, 이 요인이 중대한 역할을 수행했음은 당연한 일이다. 이 모델의 장점은 외부 충격이 전혀 없다 하더라도 생산성 둔화 경향이 충분히 강력하기 때문에 발전 모델이 순전히 내생적으로 위기에 빠질 수 있다는 것을 보여준다는 점에 있다. 이 분석이 포드주의 위기에서 실제로 나타났던 연쇄들의 모습을 반영하고 있다고 자부하기는 어렵지만, 그럼에도 다음과 같은 대단히 일반적인 속성을 명확하게 보여준다. 그것은 바로 발전 모델의 성공 자체가 일련의 구조적 변형을 유발하고, 그로 인해 발전 모델은 불안정에 빠진다는 점이다.

일반적인 속성

역사적 검토와 국제 비교연구들은 이전의 경기변동 사이클에서 경험했던 축적의 성공 그 자체로 인해 대다수 경제주체가 축적에 유리한 경향들이 계속될 것으로 예상하는 바로 그 시점에서 한 축적체제가 위기로 진입한다는 사실을 보여주는 수많은 사례들을 제시하고 있다.

(1) 성공의 희생양이 된 일본 모델

1970년대 이래 '일본 경제'의 진화 과정은 발전 모델이 그 성공으로 인해 위기로 돌입하는 또 다른 사례를 보여준다. 실제로 일본의 준조합주의적 조절양식은 대량생산과 대량소비의 공시적 연계로 특징지어지는 발전 모델의 등장을 보장했다(Boyer & Yamada, 2000).

1980년대의 국제 환경에서 일본의 이러한 제도 환경은 놀랄 만한 거시경제적 성과를 거두었다. 그래서 일본 모델이 위기에 처한 포드주의를 계승할 대안적 체제가 될 수 있다는 믿음까지 낳았다. 사실 일본의 제도 형태들은 독특하다. 기업 차원에서 결정되는 노사관계는 노동자에겐 고용의 안정이 보장되고 기업에겐 노동시간과 보수의 유연성이란 보상을 함축한다. 게이레쓰系列는 대단히 다각화된 복합기업집단으로서 부분적으로 중장기 전략을 조율함으로써 과점적 경쟁을 확보한다. 국가는 생산이나 소득분배에 직접 개입하기보다는 경제주체들의 기대를 수렴하게 만드는 정책을 시행한다. 이처럼 일본 모델의 특징은 성장을 추동하고 준 완전고용을 조장하는 데 있다. 그러나 확장기가 지속됨에 따라 노동자들에게 노동시간의 연장과 노동 강도의 강화가 강제되고, 이로 인해 노사관계에 중대한 긴장이 조성된다. 이에 따라 일본이 누리던 경쟁우위의 한 요소가 점차 침식되어갔다.

이 메커니즘은 포드주의로 명명된 생산 모델의 위기에 대해 앞에서 언급된 것과 일치한다. 또 다른 유사성은 일본의 위기를 격발시킨 직접적인 요인이 내생적인 것이 아니라는 사실에 있다. 다시 말해서 일본의 위기는 '일본 모델'이 가져다준 또 다른 성과에 기인하는 것이다.

일본은 무역흑자의 누적으로 인해 수입만이 아니라 금융부문도 개방할 수밖에 없게 되었다. 이에 상응하는 개혁, 특히 금융부문의 개혁은 투기 거품이 주도하는 경제적 붐을 야기했다. 이 투기 거품의 폭발이 위기로 진입하는 계기가 되었고, 이에 따라 경제성장은 지속적으로 둔화되고 실업은 증가했다.

공공지출의 확대, 거의 제로에 가까운 금리를 유지하는 통화정책 등 모든 경기부양책을 시행해왔음에도 불구하고 1980년대의 성과를 회복하지 못하고 있다는 사실은 일본 경제가 조절양식의 위기로, 그리고 결국 축적체제의 위기로 진입했다는 증거다. 대부분의 다른 이론들이 경제정책의 오류나 일본 경제의 구태의연함의 결과로 해석하고 있는데, 이러한 해석들은 위기의 격발요인이 충격이나 갑작스런 교란이 아니라 오히려 발전양식이 한계에 도달했기 때문임을 보여주는 것이다.

(2)수입대체 전략의 위기

라틴아메리카 나라들은 대부분 수입대체 전략에 입각한 경제발전을 추구해왔다. 다시 말해서 대외무역의 통제를 통해 기존에 수입하던 품목들의 국내기업에 의한 생산이 점진적으로 증가되도록 장려해왔다 (Ominami, 1986). 이러한 발전양식 덕분에 1950~60년대에 라틴아메리카 경제들은 그 이전 시기보다 훨씬 빠른 성장을 달성할 수 있었고, 국제적 경기변동에 대한 의존성도 완화시킬 수 있었다. 하지만 수입대체의 대상이 갈수록 더 기술집약적이거나 규모의 경제가 적용되는 재화들로 옮겨감에 따라 이 전략의 효율성은 감소되었다. 왜냐하면 국내시장의 규모가 너무 제한적인 데다가 세계적 규모의 신기술 혁신 물결이 도래하자 (기술―옮긴이) 추격의 가능성이 거의 사라져버렸기 때문이다. 이런 한계들로 인해 금융위기, 경제위기, 심지어는 정치위기마저 조장되었다. 1990년대를 지배했던 해석과는 달리 이러한 위기의 반복은 이 발전 모델의 활력 상실이나 부정합성에 기인한다기보다는 오히려 이 발전 모델이 성공했기 때문에 부닥칠 수밖에 없게 된 한계로부터 발생한 것임을 재삼 확인시켜준다.

보론 12 · 제품 차별화가 생산성 동학과 포드주의의 위기에 미치는 영향

1. 단기 동학

(1) $\dot{PR} = f(\dot{Q}, \beta)$ 생산성은 로지스틱 함수 모양을 띤다.

(2) $\dot{Q} = C \cdot \dot{PR} + D$ 수요는 생산성의 선형함수이다.

2. 생산성 체제의 장기에 걸친 변형

(3) $N(t) = \Omega[\bar{R}(t)] \Omega' > 0$ 제품의 수 $N(t)$ 은 가계의 항상소득[R(t)]에 비례한다.

(4) $[\bar{R}(t)] = \int_{-\infty}^{t} \mu(t-\tau) \left| \int_{-\infty}^{\tau} Q(s) ds \right| d\tau$ 항상소득은 과거소득의 이동평균이다.

(5) $\beta(t) = \Gamma[N(t)] \Gamma' < 0$ 제품 차별화는 생산성에 불리하게 작용한다.

이로부터 $\beta(t)$ 의 동학은 생산성, 소득 및 성장의 동학보다 훨씬 더 느리다는 결과가 나온다. 이때 T는 항상소득 형성에서의 평균 시차다.

(6) $\dot{\beta} = \frac{1}{T}[R - \bar{R}] \cdot \Omega'(\bar{R}) \cdot \Gamma'[\Omega(\bar{R})]$

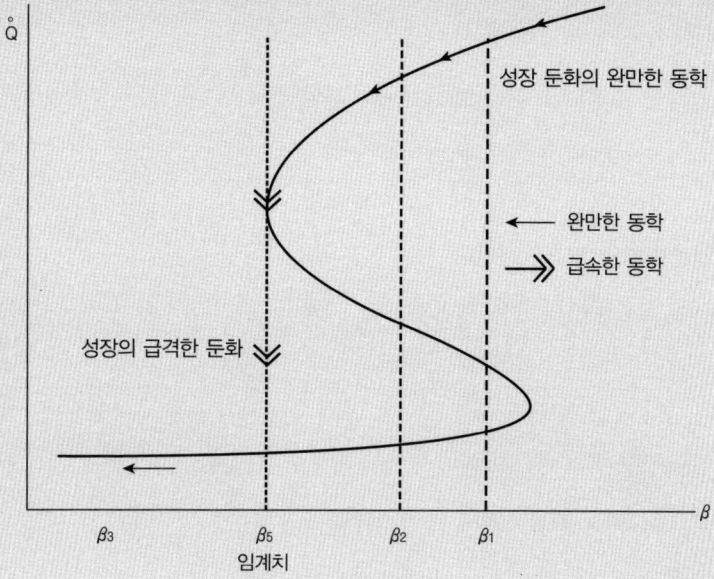

성장 둔화의 완만한 동학

← 완만한 동학

⟫ 급속한 동학

성장의 급격한 둔화 ⟫

$\dot{Q}$

β_3 β_5 β_2 β_1 β

임계치

출처: Lordon, 1996.

3. 축적은 조절의 공간을 초월하려는 경향이 있다

축적이 조절의 공간을 초월하려는 경향이야말로 수많은 축적체제의 위기를 초래한 두 번째 메커니즘이다.

자본주의의 기원에서부터

상업 자본주의의 출현 이래 교환은 국내 공간을 초월하여 전개되는 경향을 띠어왔다. 그 시기에 이미 일종의 세계경제가 형성된 것으로 간주되기도 했다(Wallerstein, 1978). 이러한 축적의 외부 지향성은 제1차 산업혁명과 19세기의 외연적 축적체제의 시기에도 나타났다. 실제로 자본주의 기업들의 급성장으로 가능해진 생산의 과잉증대는 국내시장의 흡수력을 초과했고, 그래서 발전이 지체된 지역이나 국가들로 수출이 조장되었다. 더욱이 그로 인해 국내 제도 형태들과 국제체제 사이에 새로운 상호의존이 창조되었는데, 그 결과 자본주의의 위기가 한 나라에서 다른 나라로 전파될 수 있게 되었다. 이러한 상호의존이 국제무역에서만 나타나는 건 아니다. 왜냐하면 무역의 뒤를 이어 생산투자와 금융자본도 국제화되었기 때문이다. 일국 차원의 분석이 세계경제 차원의 분석으로 확장될 때 이전에는 외부 충격으로 간주되었던 것이 이젠 무역, 생산, 투자 및 금융의 국제화에 의해 창조되는 국가들 간의 상호의존을 표현하는 것으로 간주된다.

국제화에 의해 불안정해진 포드주의

포드주의 역시 예외가 아니다. 포드주의의 초기에는 그 작동이 주로 일국 차원의 대량생산과 대량소비의 공시화 덕분에 가능했다. 하지만 포드주의는 곧이어 외부 지향의 과정을 시작했다. 사실, 인프라 및 기간산업의 투자가 재구축될 때 수확 체증의 추구는 더 이상 국내시장만 대상으로 하지는 않는다. 그래서 수출 증대는 수확 체증에 기반을 둔 생산성 체제의 잠재력을 확대할 수 있는 수단으로 여겨진다. 나아가 소득 증대 및 차별화 요구가 국제무역을 증가시키는 또 다른 요인으로 작용한다.

국제화에 의해 수요체제는 영향을 받게 된다. 왜냐하면 노동자의 소비와 기업의 투자에다 순수출이 추가로 수요체제에 고려되어야 하기 때문이다. 여기서 수출이 세계의 경제성장과 해외 경쟁자 대비 국내 생산물의 상대가격에 달려 있다면, 수입은 국내의 경제성장과 상대가격에 부응한다. 그래서 국제무역의 비중이 증가함에 따라 경쟁력—이 자체는 이윤 몫과 직접 연관된다—을 대표하는 한 요소가 수요체제 속에 끼어들게 된다(Bowles & Boyer, 1990).

포드주의의 거시경제적 연쇄가 완결되고 있는 한, 실질임금이 수요에 미치는 영향은 근소하나마 긍정적이다. 이것이 바로 독점적 조절의 중요하고도 놀라운 속성이다. 그러나 대외개방도에는 일종의 임계점이 존재하며, 대외개방도가 이 임계점을 넘어서면 실질임금의 외생적 증가가 수요에 미치는 영향은 역전된다. 구체적으로 말하면 긍정적 영향에서 부정적 영향으로 바뀌게 된다. 몇몇 계량경제학적 분석에 따르면 독일과 프랑스 경제는 1980년대에 이 임계점을 넘어섰을 것으로 추정된다(그림 11 참조).

이처럼 무역 자유화는 생산성 체제의 수명 연장에는 일단 기여하지만 결국에는 수요체제에 악영향을 미침으로써 포드주의가 함의하는 거시경제적 규칙성은 더 이상 작동하지 않게 된다. 이것은 내적 신진

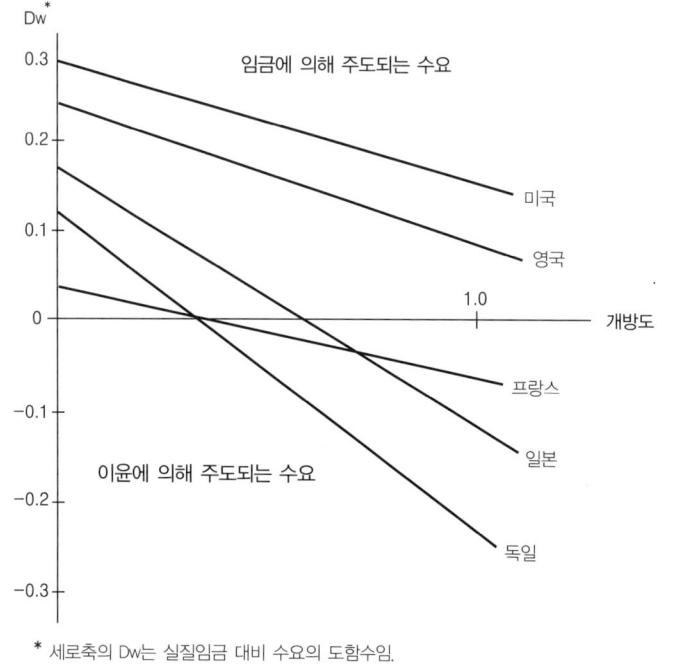

그림 11 국제화의 영향에 따른 수요체제의 하방운동

임금에 의해 주도되는 수요

미국

영국

1.0 개방도

프랑스

일본

이윤에 의해 주도되는 수요

독일

* 세로축의 Dw는 실질임금 대비 수요의 도함수임.
모델의 추정 기간은 1961~87년임.

출처: Bowles & Boyer, 1995.

대사의 한 형태로부터 도출되는 위기의 또 다른 사례다.

선진국들 간의 무역은 제품 차별화를 통해 동일 산업 내에서 이루어지는 경향이 있다. 이러한 산업 내 무역은 더 이상 각국이 상이한 부문에 특화함으로써 나타난 결과가 아니다. 그럼에도 19세기에 전형적으로 나타났던 각국의 산업 간 특화의 구도는 오늘날에도 남북[선진국과 개도국―옮긴이] 무역에 상당히 남아 있다.

대외의존적 경제: 수출 주도 발전양식의 위기

고전적인 체제(여기서는 수요가 이윤에 의해 주도된다)와 국제 개방(이는 경쟁력에 연계된 체제를 가능케 한다)의 결합이 가져다줄 가능성을 고찰하기 위해 이 모델(앞의 보론 10 참조)을 이중으로 일반화하면 이른바 대외의존적 경제들의 위기가 갖는 특수성을 고찰할 수 있게 된다.

(1) 포드주의의 대척점에서

사실, 대외의존적 경제들은 포드주의 체제를 가능케 하는 세 가지 조건 중 어느 하나도 충족하지 않는다.

먼저, 생산성의 변동은 주로 선진국에서 생산된 장비와 중간재 수입과 그 속에 체화된 기술의 소화에 달려 있다. 이에 따른 잠재적 이득은 해당 기술이 수출 부문에서 이용될 때 그만큼 더 크게 누릴 수 있다. 이때 수출 부문이 외국인 직접투자에 의해 주도되는지 아니면 국내 기업에 의해 주도되는지가 중요하다.

다음, 수요체제는 국제무역에의 편입에 의해 영향을 받는다. 왜냐하면 이 경우 임금은 국내수요의 형성에만 기여하는 데 그치지 않고 경쟁력의 형성에 특별히 기여하기 때문이다. 대외 개방으로 축적의 연쇄가 더 이상 국내 공간에서 완결되지 못하게 되는 결과가 초래될 수 있다. 이것이 이러한 경제로 하여금 포드주의 축적체제와 상이하게 만드는 두 번째 점이다.

끝으로, 특히 노사관계의 제도화가 제대로 이루어지지 않기 때문에 임금의 형성에 있어 경쟁 메커니즘이 지배하게 되는 결과가 초래된다 (Bertoldi, 1989; Boyer, 1994).

이 점들을 고려하면 수출 주도 축적체제가 실제로 활력을 가질 수 있는 조건이 무엇인지를 밝힐 수 있다. 우선, 경제는 충분히 개방되어야 하고, 가격의 탄력성이 일정 수준 이상이어야 한다는 것이다. 이 조건을 충족할 경우 생산성의 향상, 경쟁력의 제고, 수출 증대, 소득분배, 국내 수요의 증가 사이에 선순환 메커니즘이 작동된다. 그리고 광범위한 산업예비군의 존재는 경제의 역동성에도 불구하고 실질임금을 안정시킴으로써 이러한 모델의 출현에 유리한 조건이 된다. 지난 20여 년 동안의 중국의 경제성장은 이러한 궤도를 따르고 있는 것으로 보인다. 지금까지는 선순환이 작동해왔지만, 그렇다고 해서 이 체제에 긴장과 위기의 요인이 전혀 없는 것은 아니다(Hochraich, 2002).

(2)위기의 두 가지 독자적인 형태

그러나 이와는 반대로 훨씬 덜 만족스러운 변동을 유발하는 두 개의 다른 구도가 있다. 먼저, 실제로 임금 결정이 대단히 경쟁적이라는 특징 때문에 생산성 체제가 수요 체제의 변동에 의존하게 되고, 그래서 생산성 하락을 동반하는 성장이 초래될 수 있다. 이러한 상황은 특히 임금의 강력한 상승으로 수출 부문의 이윤과 경쟁력이 발목을 잡히는 순간에 나타난다. 이러한 구도는 당연히 1980년대 중엽의 한국 경제의 위기를 상기시킨다.

다음으로, 가장 불리한 경우는 임금의 형성 방식이 경쟁적이고 대외 개방의 정도가 미미하며 수출에 대한 수요의 탄력성이 작을 때 나타난다. 실제로 이러한 임금 규율하에서는 대개 세계가격을 따를 수밖에 없는 상품들로 이루어진 수출은 조장되지만 그 이상으로 국내수요가 억제된다. 이 체제는 라틴아메리카 여러 나라들의 특징일 수 있는데, 이 나라들이 공산품이 아니라 주로 원자재의 수출에 의존하고 있다는 점에서 더욱 그러하다. 이 나라들은 축적의 둔화 또는 구조적 불안정이란 특징을 가진다.

(3)아시아와 라틴아메리카의 뚜렷한 차이점

이렇게 해서 대외의존적 경제들에 고유한 축적의 봉쇄 및 위기를 발생시키는 요인들이 도입된다. 예컨대, 해당 경제가 세계경제에 대한 생산성 격차를 충분히 빠른 속도로 축소하지 못하는 경우 또는 임노동 관계의 경쟁적 특징으로 인해 기술추격으로 가능해질 수확 체증을 활용하지 못하게 되는 경우가 그러하다. 대다수의 대외의존적 경제의 위기는 이 두 가지 형태를 취하고 있다. 이러한 요인이 현실화되는 순간부터 성장의 리듬은 제도 형태들의 유지에 필요한 성장률에 못 미치게 된다. 많은 라틴아메리카 나라들이 이러한 사례에 해당되는 것으로 보인다. 또한 대외 개방에 이은 급속한 확장 국면이 중대한 위기로 귀착되는 경우도 있는데, 1997년 이후의 아시아 나라들이 그러하다.

따라서 대외의존적 경제들의 위기가 드러내는 독자성은 그 축적체제가 포드주의의 변종이 결코 아니라는 사실에 기인한다. 이러한 독자성은 이 나라들이 국제 금융 중개에 대해 커다란 비대칭성을 가지고 있으며, 그래서 외환위기가 은행위기와 연계되는 경우가 빈번하기 때문에 더욱 부각된다(Boyer, Dehove & Plihon, 2004).

어떤 축적체제의 경우에는 이러한 위기의 원천들이 축적체제의 비활력성과 연관된 위기의 원천들에 중첩해서 나타나기도 한다. 아르헨티나는 이처럼 위기의 상이한 원천들이 중첩되어 나타났음을 보여주는 대표적인 사례이다(Miotti & Quenan, 2004) (보론 13 참조).

4. 축적체제의 불안정을 초래하는 금융 자유화

금융시장에 의해 지배되는 조절양식이 독점적 조절양식의 계승자가 될 수도 있다는 점에 대해서는 이미 다룬 바 있다. 분명한 것은 금융 우위가 함의하는 제도적 환경은 포드주의에서 관측되는 것과는 완전히 상반되는 것이라는 점이다(Aglietta, 1998). 주주 가치에 관한 담화들이 외형상 일관성을 보인다 할지라도 그러한 체제가 과연 지속 가능한 것인지 그리고 일반화될 수 있는지를 검토해보는 것은 중요하다.

금융 주도 축적체제의 개요

금융 자유화 및 금융 혁신으로 점철된 1980년대 이후의 미국 경제를 관찰해보면 주가가 투자는 물론 부의 효과wealth effect를 매개로 소비까지 관장하는 핵심 거시경제 지표로 부상했다는 사실을 알 수 있다. 이윤과 주가가 상호 영향을 주고받는 동학이 생산성과 실질임금, 그리고 생산성과 대량소비를 조정하던 동학을 대체했던 것이다(그림 12 참조).

포드주의 체제와 비교해보면 금융 주도 체제는 금융과 관련된 스톡(저량) 변수에 결정적인 역할을 부여하고 있으며, 금융수익률이 재산 운용 관련 결정에 있어 결정적인 역할을 수행한다(보론 14 참조). 이로부터 나오는 중대한 특징은, 투자 결정은 더 이상 수요의 변동만이 아니라 금융시장이 요구하는 수익률을 반드시 감안해야 한다는 것이다. 소비는 여전히 임금소득의 영향을 받고 있지만, 이젠 가계 보유 증권들의 가치를 측정하는 요인에도 영향을 받는다는 것이다.

증권자산의 가치는 중앙은행의 기준금리를 할인율로 삼아 계산된

그림 12 금융 주도 체제의 연쇄

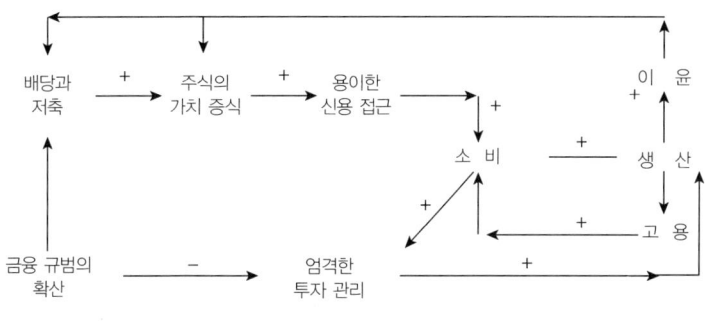

미래 이윤의 현재가치에 의거하여 산정되는 것으로 가정된다. 이러한 소비함수는 금융 재산이 임금 소득에 비해 미미할 때 소비는 임금 증가에 비례한다는 칼레츠키언 정리를 표현한다. 반대로 금융화가 대단히 발전하면 임금 상승의 억제는 기업의 수익성에 유리하게 작용함으로써 주가를 상승시키고, 주가 상승은 최종적으로 부의 효과를 통해 소비를 조장할 수 있다. 실제로는 부의 효과가 신용 접근의 용이성을 매개로 작용하는데, 이 점은 이 단순화된 정식화에는 고려되어 있지 않지만 그림 12의 도식에는 반영되어 있다.

　이리하여 하나의 선순환이 개시될 수 있다. 즉 금융투자 수익률의 상승은 주가를 상승시키고, 이는 소비 증가를 부추긴다. 소비 증가는 투자를 조장하고, 이 소비 증가는 수익성 규범의 상승이 가진 선험적으로 부정적인 효과를 상쇄시킨다. 이에 따라 생산의 수준은 금융시장 평가의 산물로 된다. 이 결과는 포드주의하에서 지배적으로 나타났던 실물영역과 금융영역 간의 관계가 역전되었음을 보여준다.

생명력은 유지할 수 있지만 결국 불안정해질 체제

금융 주도 축적체제는 선험적으로 낙관적인 예상에 기반을 두고 있으므로 이 체제의 안정성에 대한 의심이 제기될 수 있다. 이와는 반대로, 일단 금융에 의해 추동되는 확장 국면이 나타나게 되면 ―1990년대의 미국에서처럼― 분석가들은 금융의 유연성이 위기를 초래할 수 있는 모든 위험을 제거해버린다는 결론을 내린다. 하지만 이 모형의 해解는 이 체제가 가진 잠재력과 함께 그 한계를 동시에 보여줌으로써 이러한 상반된 두 개의 견해가 모두 오류임을 밝혀준다.

한편으로, 부의 효과가 아주 크고 거의 수익률에만 의거하여 결정되는 투자 행동이 금융시장에서 일반화된다면 '금융화된 성장의 선순환 체제'가 존재할 수 있다. 이러한 체제에서는 가계들의 부가 주식시장에 의해 평가되는 만큼 수익률 규범의 상승은 가계들의 부에 반영되고, 이는 소비 증가를 유발한다. 이때 기업들이 수요 증가에 충분히 반응한다면 가속도 효과를 매개로 투자에 긍정적인 영향을 줄 것이고, 이 효과는 금융 공동체에 의해 강제된 수익률 규범의 상승에 따른 위축 효과를 보상할 수 있을 정도로 클 수도 있다. 따라서 적당한 변형을 거친다면, 이러한 금융 주도 체제는 포드주의 발전 모델의 잠재적 계승자가 될 소지가 다분히 있다. 즉, 주가 동학이 임금을 대신하여 누적적 성장의 원천이 된다면 말이다. 이는 제도 형태들의 위계구조 속에서 금융제도가 핵심 지위를 차지하는 방향으로 바뀐다는 것을 의미한다.

(1)지나친 임금 유연성은 부정적인 효과를 낳는다

그러나 이 체제가 생명력을 가지기 위해서는 몇 가지 조건을 충족해야 한다. 특히 임노동 관계가 지나치게 경쟁적이어서는 안 된다. 다시 말해서 노동자들의 실질보수가 수요의 변동에 의해서만 조건지어져서는 안 된다는 것이다. 실제로 지나친 임금 유연성은 거시경제적 안정을 해친다. 그런데 제도들의 위계구조가 금융제도를 중심에 두는 것으로 바뀌는 것 자체가 노동자들의 협상력 상실을 반영하는 것이기 때문에 임금의 형성에 경쟁 요인들이 재도입되도록 만드는 씨앗을 잉태하고 있다. 따라서 금융화가 노동과 사회보장에 관한 상당한 규제 완화와 연계되는 순간 위기의 유발요인 하나가 잉태되는 것이다.

(2) 내적 신진대사에 의한 위기

다른 한편으로, 금융시장의 발전은 금융 주도 체제의 영역을 기계적으로 확장하지만, 이와 동시에 경제를 구조적 불안정의 영역으로 접근시킨다. 따라서 금융화의 '임계점'이 존재하고, '이를 넘어설 때 금융화는 거시경제적 균형을 불안정하게 만든다'. 여기서 조절이론의 위기에 관한 일반적인 해석 하나가 재발견된다. 사실 완전 시장을 가정하고 있기 때문에 이 유형의 위기는 불완전하거나 비합리적인 경제주체들의 행동으로 인해 발생하는 것으로 볼 수는 결단코 없다. 따라서 이경우 조절양식의 성격을 결정하는 파라미터들의 점진적인 변화, 즉 내적 신진대사가 결국 성장체제를 불안정으로 이끌어간다. 경제주체들이 이러한 내적 신진대사를 성공의 증좌로 그리고 영속될 것으로 인식한다 하더라도 이 사실에는 변함이 없다. 이로부터 금융화가 추동하는 체제를 위기에 빠뜨리는 것이 다름 아닌 금융화의 성공 그 자체라는 사실이 재확인된다.

(3)금융 불안정의 수호자, 중앙은행

끝으로, 이러한 금융화된 성장 체제는 통화정책의 목표가 변경되는 것을 전제로 한다. 사실 금융화된 경제의 안정을 위해서는 '통화발행 당국의 대응이 충분히 신속하게' 이루어짐으로써 성장의 폭주가 위기로 이끌려가는 것을 사전에 예방할 수 있어야 한다는 점이 중요하다. 이러한 맥락에서 볼 때 이자율의 변동이 경제 안정에 결정적인 중요성을 갖게 된다.

이 모형의 결과는 1990년대 미국의 경기 상황을 분명하게 드러내준다. 이 모형의 실체를 살펴보면 미국이야말로 아마 금융화된 성장 체제에 편입될 수 있는 사실상 유일한 나라라는 점, 그래서 미국은 새로운 유형의 위기를 경험할 최초의 나라가 될 것이라는 점을 알 수 있다(Boyer, 2000b). 마찬가지로 금융의 폭주를 저지하기 위해서 그리고 만약 이것이 불가능한 것으로 판명되면, 이자율의 신속하고 급격한 인하를 통해 경기를 부양시키기 위해서는 통화정책이 결정적으로 중요한 역할을 한다는 점이 부각된다.

(4)인터넷 거품의 놀라운 과정

끝으로, 인터넷 거품의 폭발로 1930년대의 대공황에 상응하는 공황이 유발되지 않았고 또 일본에서처럼 상실의 10년이 재현되지도 않았다는 사실은 부분적으로 금융 시스템의 탄성력에 기인한다. 이러한 탄성력은 은행감독의 진전과 증권화 등 일정한 금융혁신의 산물이다. 그래서 동일한 성격의 대출들을 하나의 그룹으로 묶은 후 채권과 파생상품으로 변환시켜 금융시장에서 판매한 것이 주목받게 된다. 이렇게 해서 신용 위험은 이 금융상품들의 보유자들에게 이전된다. 그 결과 은행들의 탄성력은 증가될 수 있지만 궁극적으로는 중대한 금융위기가 유발될 수 있다. 실제로 소수의 시장참여자들(보험회사, 비금융기업 등)이 위험 부담을 가장 많이 떠안게 되지만, 이들은 신중성 등 규제 절차에 의해 보호받지 못하고 있다는 게 문제다. 이럴 때 유동성 고갈을 야기하는 시장의 급격한 전복이 일어나면 이들로 인해 금융 시스템이 위태로워질 수 있는 것이다(Boyer, Dehove & Plihon, 2004). 이러한 이유로 증시 위기가 잇달아 발생하고 있지만, 이 위기들이 서로 닮은꼴이 아닌 까닭은 그것들이 서로 다른 조절양식과 축적체제에서 일어나기 때문이다.

금융, 위기를 전파시키는 요인

금융 주도 체제의 위기를 초래하는 요인은 다양하지만, 어떤 요인이 실제로 작용하는가는 금융 자유화가 어떤 제도적 맥락 속에서 시행되었는가에 달려 있다. 가장 중요한 요인들 중의 하나는 자본의 경제적 수익률과 몇몇 금융자산이 올리는 금융 수익률 간의 격차가 벌어지는 경향으로부터 나온다.

(1)과도한 수익률 요구

예컨대 이자율이 아주 낮아 높은 수익률이 예상되면 경제주체들은 이 양자 간의 격차를 활용하기 위해 합리적인 수준 이상으로 차입을 하도록 유인될 수 있다. 지렛대 효과를 활용하는 이러한 행동이 1990년대에 뚜렷이 나타난 바 있다(Plihon, 2002). 이렇게 해서 '실물' 경제의 이윤 창출력과 무관하게 높은 수익률 규범이 일반적인 것으로 받아들여질 수 있게 된다. 앞서의 정식화(보론 14 참조)는 각각의 경우에 '금융시장에 의해 강제되는 수익률에는 임계점'이 존재한다는 것을 보여주었다. 즉 투자의 가속도 효과가 미약하다면 최대 수준이, 이와는 반대로 그것이 크다면 최소 수준이 존재한다. 이러한 이유로 금융시장의 권력에 한계가 주어지는데, 만약 이러한 한계가 지켜지지 않을 경우 일련의 거시경제적 병리 현상(균형의 부재 또는 불안정)이 야기된다.

(2)포드주의 체제는 금융화에 의해 불구가 된다

모델이 주는 두 번째 함의는 모든 경제가 금융 주도 성장체제를 채택해야 할 이유는 없다는 점이다. 실제로 금융화가 여전히 '임금사회에 의해 지배되는', 즉 근로소득이 소비양식의 핵심적인 결정요인으로 되어 있는 그런 '경제'에 도입된다면, 이 경우엔 수익률 규범의 상승이 오히려 부정적인 영향을 미치게 된다.

이 결과에 의거하여 1980년대 일본의 위기가 해석될 수 있다. 왜냐하면 국제금융에 대한 개방이 수익률이나 실질임금 상승률과 같은 지표들을 상승시켰을 뿐만 아니라 거시경제적 성과를 악화시켰던 것도 사실이기 때문이다. 2000년대의 독일 경제도 여전히 임노동의 중심성과 '산업 특화의 지배'를 특징으로 하는 체제였기에 금융화는 한계에 부닥칠 수밖에 없었다.

(3)대외의존적인 경제의 위기를 유발하는 금융 세계화

많은 경제들의 경우 금융화가 자본의 국제적 흐름에 대한 개방, 그리고 이보다는 훨씬 낮은 정도이지만 국내 은행 조직의 근대화와 연계되어 진행됨으로써 자금 조달원의 탄력성이 놀랄 정도로 커졌는데,

이는 이전의 경향들과는 전혀 새로운 현상이다. 그 결과 1990년대에는—풍부한 신용에 의해 추동된—전례 없는 경제적 확장기와 자본 유출로 인한 불황기의 반복이 훨씬 심해졌던 것이다.

그래서 은행 위기와 외환위기, 부동산 위기와 증시 위기, 은행 파산과 국가채무 위기가 결합되어 나타났고, 각 위기의 강도와 심각성은 서로 달랐다. 이처럼 금융 세계화 그 자체가 발전양식들을 교란했던 것이다. 물론 이 발전양식들이 그 내부에 긴장이나 모순을 가지고 있지 않았던 것은 아니지만, 금융화가 가져다주는 새롭고 막강한 충격에 직면하여 대다수 제도 형태들이 금융에 의해 침식당하고 또 조절양식이 한계에 봉착했기 때문에 발전양식들의 활력이 급속하게 위축되었던 것이다(그림 13 참조).

글로벌 금융의 유연성에 의해 축적체제의 부정합이 은폐된 시대

대위기의 출현에 금융이 영향을 주는 또 다른 방식이 있다. 사실 한 나라가 국제금융에 완전하게 개방될 때, 그리고 그 경제정책이 예컨대 워싱턴 컨센서스와 같은 교조적인 교리에 부응하는 것일 때 자본은 가장 수익률이 높은 부문으로 쇄도해가는 경향이 있다. 이 부문에는 통상 국제경쟁으로부터 보호되어 있는 집단적 서비스, 부동산, 공공채무의 자금조달 등이 포함된다. 따라서 국내 경제주체들은 외국통화 표시 채무를 지게 되는 반면 신용의 급증으로 보호된 부문들의 생산능력이 확대되고 소비가 촉진된다. 국제무역에 개방된 경제에서는 이러한 소비 증가가 수입 증가를 유발한다.

그림 13 대외의존적인 나라들의 금융 자유화: 대다수 성장체제의 불안정화

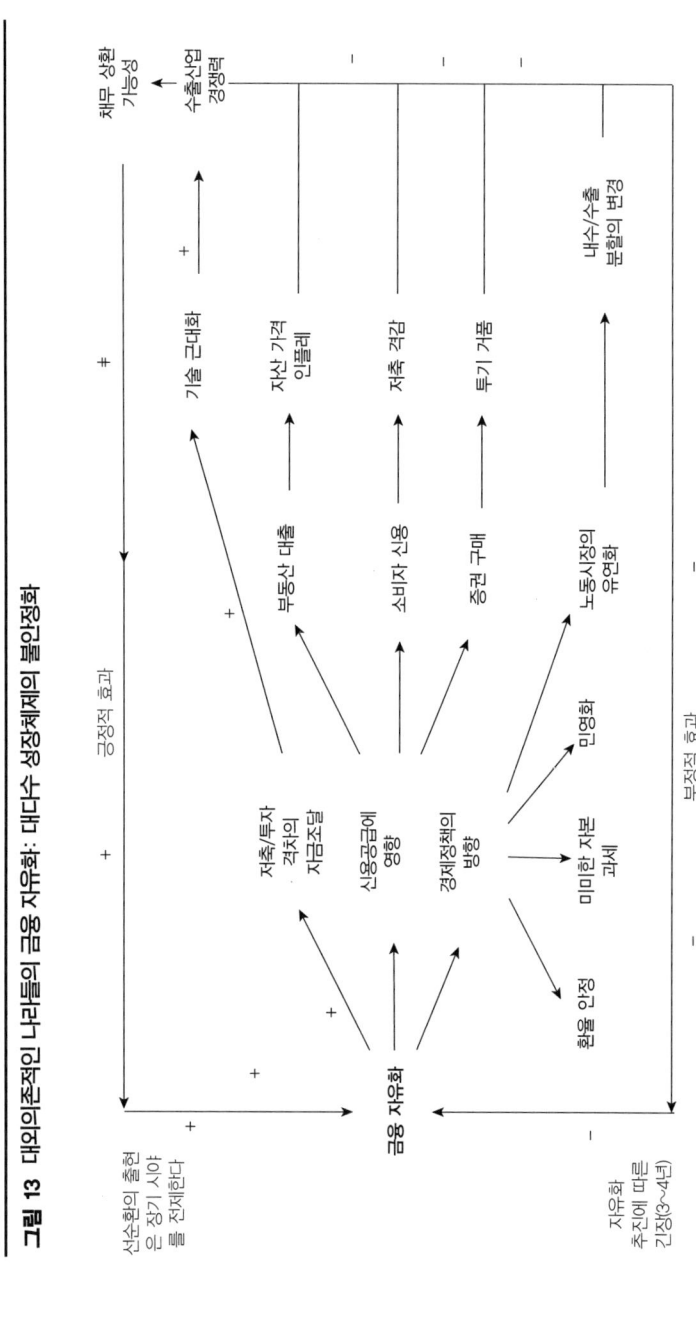

(1)자본 유입과 연계된 왜곡 현상들

이와는 대조적으로 직접투자는 장기적으로 수출 능력을 강화시킬 수 있지만 단기 및 중기에는 장비와 중간재의 수입을 조장한다. 더욱이 국제경쟁에 대한 개방은 당장 경쟁력이 약한 국내 기업들의 파산이나 구조조정을 초래할 수 있기 때문에 무역수지는 더욱 악화될 수 있다. 이러한 상태에서는 단순히 금융시장[참여자들—옮긴이]의 견해가 바뀌는 것만으로도 자본의 유입이 한순간에 유출로 뒤바뀔 수 있고, 은행과 외환시장을 동시에 강타하는 금융위기가 출현할 수 있다.

그러나 이런 사태가 반드시 나쁜 은행관리나 방만한 통화 및 재정 정책에 의해서만 초래되는 것은 아니다. 사실 위기의 심각성을 설명해주는 것은 수출에 의해 주도되고 금융 세계화에 복종하는 체제에서는 거시경제적 연쇄관계가 완결될 수 없다는 점이다. 이 위기가 시스템 위기로 나타나는 까닭은 환율 폭등, 은행 시스템의 파산이나 폐쇄, 그리고 때로는 공공채무 위기와 결합되기 때문이다.

(2)아르헨티나의 붕괴

방금 위에서 거론된 것이야말로 아르헨티나를 붕괴로 이끌어간 연쇄들이다. 외관상 이 나라는 1990년대에 자유무역과 금융 세계화에 조응하는 성장체제를 구현했던 것으로 보인다. 1990년대 후반에 워싱턴 컨센서스의 모범생으로 간주되었던 아르헨티나는 근대적인 은행 감독 시스템을 갖추고 있었고 달러화에 고착된 고정환율의 선택으로 신뢰성이란 혜택을 누렸다.

실제로는 국제경쟁에 적응한다는 것이 경쟁력의 강화가 아니라 약화로 귀착되었다. 그래서 아르헨티나가 이 체제를 지탱하기 위해 채무를 누적시킬 수밖에 없었다는 점을 감안하더라도, 수출부문이 빈약한 나라의 금융위기는 그 축적체제의 부정합성을 반영하는 것이다. 이러한 의미에서 1993~97년의 놀라운 경제적 성과가 자유화 조치로는 해소될 수 없는 구조적 불균형들을 은폐했다고 보는 것이다.

이리하여 아르헨티나의 궤적은 위기의 독자적인 형태를 보여준다(보론 13 참조). 자본 유입이 경기에 동행하여 이루어짐으로써 신용 팽창에 의해 조장된 확장 국면이 개시되었을 뿐만 아니라, 이러한 신용 접근의 용이성이 전례 없는 제도적 구도에 의해 초래된 축적체제의 활력 상실을 일정 기간 동안 은폐시켰던 것이다. 통화위원회currency board의 도입, 자본 이동의 완벽한 자유 및 국내시장의 자유화는 국제경제의 부침에 대한 대응력을 제거해버렸다. 더욱이 이러한 제도 변화는 아르헨티나 경제로 하여금 축적체제 내부의 불균형들이 점차 증대해가는 길로 들어서게 만들었다. 그런데 이러한 사실이 막대한 자본 유입에 의해 일정 기간 동안 은폐되었던 것이다.

아르헨티나의 성장 궤적이 보여주는 특수성은 수많은 연구를 낳았는데, 네파와 부아예(Neffa & Boyer, 2004)가 이 연구들을 종합적으로 검토한 적이 있다. 위기의 유형학(보론 11 참조)은 금융, 사회 및 경제 위기로 귀착되었던 1990년대 아르헨티나 경제의 동학을 설명하는 데 특별히 잘 적용된다.

우선, 일련의 '불리한 충격들'이 연이어 발생했다. 아르헨티나는 멕시코 위기(1994~95), 아시아 위기(1997), 러시아 위기(1998) 그리고 주요 무역 파트너인 브라질의 평가절하(1999)에 전염되어 피해를 입었다.

그러나 이 충격들만으로는 그토록 심대했던 위기가 충분히 설명될 수 없다. 그래서 완전하고 비가역적인 조치로 평가받았던 페소화의 달러 태환 조치가 제도 형태들의 변형을 초래했고, 이처럼 변형된 조절양식의 특성을 살펴보는 게 불가피하다. 무역과 금융의 급격한 개방은 막대한 자본 유입과 이와 연계된 신용의 팽창을 통해 확장 국면을 조장했다.

'내생적 방식으로' 경기가 불황으로 전환되고 있어도 아르헨티나 정부는 이전의 불균형을 흡수하기 위해 사용되던 통화정책이나 환율정책을 더 이상 자율적으로 구사할 수 없는 처지가 되었다. 정부부채의 누적으로 인해 재정정책이 경기 동행적으로 운용될 수밖에 없었기 때문에 정책 운용상의 자율성은 더욱 저해되었다. 실질임금이 생산성과 완전히 단절되었음에도 불구하고 경기 확장기에 누적된 불균형들이 해소될 수 없었던 것이다. 1998년부터 시작된 불황이 2001년까지 이어졌고, 이는 조절양식의 위기를 나타내는 징표였다.

그러나 이 위기는 '축적체제의 위기'이기도 했다. 농산물을 주축으로 하는 수출부문이 근대화되기는 했지만 무역수지 흑자를 회복시켜 민간과 정부의 채무 상환을 가능케 하기에는 역부족이었다. 직접투자는 이미 민영화된 공공 서비스 등 보호된 부문들에 유독 집중되었다. 이러한 자본 배분은 1976년 쿠데타 이래 결사적으로 추진되어온 수출주도 성장체제를 안착시키려는 전략의 발목을 잡았다.

이처럼 위기의 여러 요인들이 결합적으로 작용했다는 것은 '대위기' 또는 '시스템 위기systemic crisis'를 함축하고 있으며, 이로부터 금융 위기(정부의 대외채무 지불불능 사태), '은행' 위기(은행 폐쇄), '외환' 위기(교환성의 격감), '사회적' 위기(실업 급증과 빈곤화의 급진전, 저축을 동결당한 중간계층의 분노) 등의 동시발생이 해명된다. 위기는 '정치적' 분야에서 폭력적인 형태로 진행되었다. 예컨대 정부의 불안정, 제도들의 합법성 상실, 민중의 항의 운동의 배가, 그리고 심지어는 사회적 폭동을 방지하기 위해 자체 통화를 발행할 수밖에 없게 된 지방정부들과의 갈등 등이 그것이다.

보론 14 · 금융 주도 체제

(1) $D = C + 1$ — 국가도 대외무역도 없는 폐쇄경제.

(2) $I = aK_{-1} \cdot (r - p)$ $+ b \cdot (D - D_{-1}) + i_0$ — 투자는 금융 규범 대비 수익률 격차와 가속도원리의 함수다.

(3) $C = \alpha \cdot MSR + \beta \cdot W + co$ — 소비는 실질임금 총액과 가계의 부에 의해 결정된다.

(4) $K = K_{-1} \cdot (1 - \delta) + 1$ — 자본스톡은 감가상각률과 투자의 함수다.

(5) $\overline{Q} = v \cdot k$ — 생산능력은 자본스톡에 의해 결정된다.

(6) $Q = \ln f(\overline{Q}, D)$ — 생산수준은 단기에는 생산능력 또는 유효수요에 의해 결정된다.

(7) $r = \dfrac{Q - MSR}{K_{-1}}$ — 이윤율은 자본스톡 대비 총이윤의 비율이다.

(8) $W = q \cdot \dfrac{Q - MSR}{i}$ — 부는 이자율과 토빈의 q를 감안하여 이윤으로부터 평가된다.

(9) $MSR = f \cdot Q - e \cdot \rho + wo$ — 실질임금 총액은 수요에 비례하고 금융규범에는 반비례한다.

(10) $\rho = \overline{\rho}$ — 수익률 규범은 금융시장에 의해 결정된다.

(11) $q = \overline{q}$ — 토빈의 q는 외생변수로 간주된다.

(12) $i = jo + \psi\left(\dfrac{W}{Q} - r^*\right)$ — 통화당국은 금융거품이 형성되지 않도록 금리를 조정한다.

(13) $r^* = (Q, \psi)$ — 부/소득 비율은 경제발전 수준 및 통화당국의 재량에 의해 평가되는 한 변수의 함수이다.

수요의 형성

수요·공급의 상호작용

소득 배분

금융통화 변수

내생변수 (11):

$D, C, I, r, MSR, W, K, \bar{Q}, Q, W, i, r^*$

외생변수 (2):

$\bar{p}, \bar{q}$

모든 파라미터 $a, b, \alpha, \beta, v, \delta, f, e, \psi$ 는 0이거나 0보다 크다.

5. 결론: 위기의 반복과 그 형태 변화

조절이론은 처음부터 위기 분석을 핵심과제의 하나로 삼았다. 포드주의 성장체제의 탈선을 관찰하는 것으로 시작된 연구는 대위기들의 계기적 출현의 역사를 집중 분석하는 것으로 나아갔다. 1980년대와 1990년대에 위기가 끊임없이 반복되고 이 위기들이 드러낸 놀라운 성격 때문에 경제학자들은 다시 위기에 주목하게 되었다. 금융위기들을 정식화하고 위기의 역사를 다시 고찰함으로써 수많은 결론과 직관이 얻어졌다. 그럼에도 조절론적 문제의식은 여전히 그 독창성을 견지해왔다.

먼저, 조절이론은 위기를 조절양식과 축적체제의 한계 봉착으로 간주함으로써 독창적인 일군의 정의를 제시한다. 모든 위기는 균형을 이루는 시장경제에 대비되는 어떤 불완전성을 확인해주는 현상이 아니라 일시적인 과정의 산물로 간주된다. 위기에 대한 이러한 평가의 차이는 조절이론이 상호의존된 시장들로 구성되는 특정의 경제에 준거하지 않고 자본주의란 개념에서 출발했다는 점에서 기인한다.

다음으로, 조절이론은 제도적 및 역사적 거시경제 프로젝트의 일환이다. 대부분의 거시경제학자들은 증시 위기가 계기적으로 발생하면서도 서로 닮지 않았다는 것, 그리고 심지어는 아시아 위기의 원인이 1980년대 라틴아메리카의 그것과 동일하지 않다는 사실을 확인하고는 놀라움에 빠졌다. 이와는 달리 조절이론은 '각 경제는 그 나름의 구조에서 기인하는 위기를 겪게 마련이다'고 생각하는 경제적·금융적 역사에 관한 연구 계보에 속한다. 더 자세히 말해서 각 조절양식에 대해 크고 작은 위기들의 아주 구체적인 형태들이 조응한다. 마찬가지

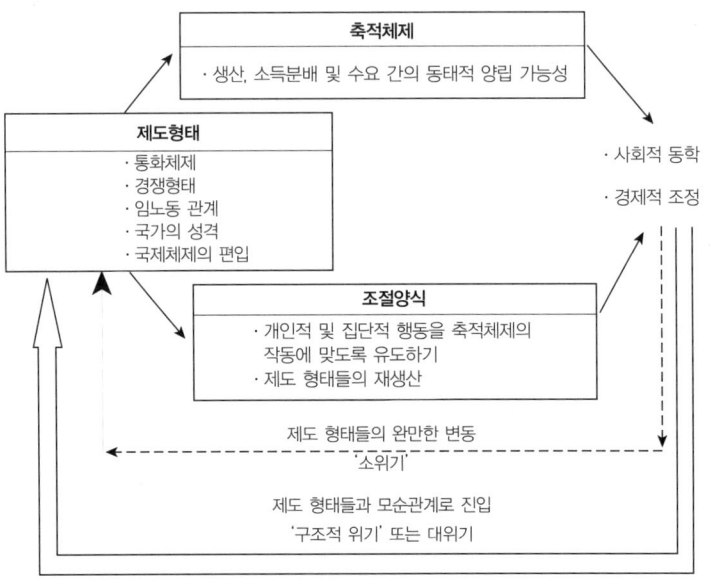

그림 14 조절이론 기본 개념들의 구도

축적체제
· 생산, 소득분배 및 수요 간의 동태적 양립 가능성

제도형태
· 통화체제
· 경쟁형태
· 임노동 관계
· 국가의 성격
· 국제체제의 편입

· 사회적 동학
· 경제적 조정

조절양식
· 개인적 및 집단적 행동을 축적체제의
  작동에 맞도록 유도하기
· 제도 형태들의 재생산

제도 형태들의 완만한 변동
'소위기'

제도 형태들과 모순관계로 진입
'구조적 위기' 또는 대위기

로, 만약 위기들이 반복해서 발생하면서도 서로 닮지 않았다면, 이는
제도적 · 기술적 혁신으로서의 자본주의에는 상이한 축적체제들이 시
간적으로 승계되고 공간적으로 공존할 수 있다는 것을 의미한다.

끝으로, 새로운 거시경제 이론들은 일단 달성된 경제적 균형은 안
정적이라는 가정에서 출발하기 때문에 위기는 비정상적인 또는 호기
심을 유발하는 현상으로 간주될 수밖에 없다. 조절이론에서는 제도 형
태들이 경제적 조정의 성격에 미치는 영향에 관한 분석을 근거로 경제
체제의 생명력에 관해, 또는 이와 반대로, 그 부정합성 및 향후 위기로
의 진입에 관해 확정을 내리지 않는다(그림 14 참조). 왜냐하면 조절과
위기는 동일한 문제의식의 양면일 뿐이기 때문이다.

결론

1. 설명이 필요한 비정상적인 현상들

1970년대에는 왜 스태그플레이션, 즉 인플레이션의 가속과 성장의 정체가 동시에 발생하는 상황이 일반화되었던가? 석유 위기는 18세기까지 농촌 사회가 경험했던 식량 위기의 현대판인가? 역사적으로 주가의 급락이 반복해서 발생했지만 주가 하락 후의 경제적 상황이 서로 달랐던 것은 어떻게 설명해야 할까? 미국에서는 1929년 주가 대폭락 후 1932년까지 공황과 디플레이션을 겪었지만, 1987년 이후에는 경기 회복과 미약한 인플레이션이, 그리고 2001년 인터넷 거품의 폭발 후에는 불황과 인플레이션의 둔화가 나타났던 까닭은 무엇인가? 그리고 미국 경제는 왜 1990년대의 일본처럼 준準정체 상황과 디플레이션 경향을 겪지 않았던 것일까?

조절이론이 특히 답을 찾고 싶어 하는 것이 바로 이런 현상들에 관한 의문이다. 사실 조절이론의 주된 관심은 변화에 있다. 즉 동일한 원인이 시간과 공간에 따라 다른 결과를 초래한다는 것을 어떻게 설명할 것인가? 그 답은 단순하다. 자본주의의 역사는 근본적인 기술 및 제도 혁신을 통해 추동되므로 조절양식과 축적체제는 시공에 따라 변하게 마련이기 때문이다.

2. '자본주의' 개념의 적확한 사용에 관하여

이토록 부담스러운 자본주의라는 개념을 준거로 삼는 것은 축적체제들의 계기적인 이행을 설명할 수 있는 초역사적이고 일반적인 추세가 관철된다는 것을 의미하는 것일까? 마르크스의 직관에서 유래했음에도 불구하고 조절이론은 자본주의의 내재적인 진화의 법칙이라는 아이디어에 대해서는 부정적이다. 왜냐하면 생산력의 발전이 사회관계의 동학을 결정하는 것은 아니며, 모든 축적체제가 이윤율의 경향적 하락에 직면할 수밖에 없도록 운명지어져 있는 것도 아니기 때문이다. 마찬가지로 세계적 차원에서 단 하나의 축적체제가 반드시 관철되는 것도 아니다.

　사실 중요한 것은 사회적 · 정치적 갈등, 국민적 공간들 간의 경쟁 또는 이 경제체제의 발전을 특징짓는 대위기 등에 의해 조탁되는 자본주의적 사회관계가 취하는 정확한 형태를 제대로 파악하는 것이다. 이러한 제도 형태들의 특정한 구도를 만들어내는 요소들은 다양하며, 이로부터 다음과 같은 두 개의 중요한 결론이 도출된다.

3. 경제 제도들의 근원에 존재하는 모순

첫째, 경제의 근본을 이루는 제도들은 대부분 '경제 외적인 요인', 특히 정치적 요인에 기원을 두는 경우가 흔하다. 화폐제도는 상거래 관계의 근본을 이루는 것이지만 그것이 정치적 주권과 연관이 있다는 것은 엄연한 사실이다. 국가는 자본 축적이라는 경제적 목적을 유일한 논리로 삼지 않으며 자본가/기업가라는 지배층의 전유물도 아니다. 근본적으로 국가는 제도화된 타협들이 결합하여 만들어낸 것이고, 제도화된 타협 그 자체는 통상 불안정한 정치 연합의 반영물이다.

경제정책의 전통적 수단들의 목적과 효과가 재평가된다. 예컨대 평등한 시장 관계라는 외피에 싸여 있지만 실제로는 노동자들의 복종 관계를 표현하는 임노동 관계는 갈등과 적대를 동반하며, 이러한 갈등과 적대는 결국 타협을 통해 해소된다. 바로 이 때문에 어떤 조절양식이나 축적체제의 존재는 항상 우발적인 성격을 띠며, 그 지속 가능성은 경험을 통한 검증의 대상이 될 수밖에 없다.

둘째, 이리하여 조절양식이 역사적으로 변형을 겪어왔으며 시기에 따라서는 다양한 모습을 띠게 되는 이유가 설명된다. 동일한 요인들이 어떤 제도적 구도의 일관성을 담보해줌과 동시에 제도 형태들의 교체 경향을 창출하고 종국에는 위기로 이끌어가는 것이다. 대위기의 두 번째 원천은 다음과 같은 사실에 기인한다. 그것은 근본 혁신—기술적, 조직적, 제도적 혁신—이 항상적으로 일어나고 있기 때문에 본성상 문제를 유발하고 갈등을 동반할 수밖에 없는 축적 과정을 이끌어가는 경제적 조정의 지속 가능성을 사전적으로 보장하는 어떤 시스템 공학자도 존재하지 않는다는 사실이다. 현대의 조절양식이 다양하다는 것은 제도화된 타협들과 제도 형태들의 형성에서 각국이 거쳐온 역사적 경로가 나름의 특수성을 가지고 있다는 점을 집약적으로 보여주는 것에 지나지 않는다.

4. 제도적·역사적 거시경제학

조절이론에 대한 설명을 일단 마친 이제, 그 방법론에 관해 간략히 언급해두고 싶다. 조절이론은 제도 분석, 통계적·계량경제적 연구, 다양한 제도 형태와 연계된 조정들의 도식화, 일군의 조절양식 전체의 특성 분석, 비선형 모형에서 다양한 시간 단위의 도식화 등 다양한 방법론을 결합적으로 사용한다. 따라서 조절이론이 두 개의 집단만 설정한 후 이들 간의 이해 갈등을 강조하기 위해 대표적 경제주체에 의존하는 매우 손쉬운 방법론을 거부한다고 해서 놀랄 필요는 없다. 합리성은 언제나 제도적으로 또 역사적으로 결정되기 때문에 실질적이고 완전한 합리성은 거의 드물게 나타날 뿐이다. 나아가 조절이론은 모든 경제적 관계를 이상적 시장에서의 경쟁관계와 동일시하는 신고전파 이론의 규범적 모델을 거부하고 그 대신 정치 연합으로 표현되는 권력관계의 반영물인 제도 형태들의 위계 구조를 제시한다. 끝으로, 인위적으로 만들어진 모형이 작동하는 시간을 역사적 시간과 혼동해서는 결코 안 된다는 것이다. 왜냐하면 경제학자들이 분명하게 밝혀냈다고 생각하는 규칙성이란 게 대개는 일시적이고 제한된 시기 동안만 작동하기 때문이다.

5. 경제학자, 현대의 시지프스

조앤 로빈슨Joan Robinson은 경제학자들의 연구 활동에 내재된 일종의
역설을 강조하곤 했다. 그것은 경제학자들이 하나의 성장체제의 윤곽
을 어렵사리 포착하자마자 위기가 발생하여 이젠 지나가버린 시기에
대한 그들의 분석을 낡은 것으로 만들어버린다는 것이다. 이러한 역
설은 조절이론의 아킬레스건이기도 하다. 초역사적인 경제 법칙—그
존재의 확실한 증거—에 대해 의구심을 품고 있는 조절이론은 향후 심
대한 의미를 가질 수도 있는 변화들을 인식하고 그로부터 새로운 조절
양식의 성립을 확인하는 데까지 걸리는 시간을 줄이고자 부단히 노력
한다. 물론 어떤 중대한 변화를 묘사한다는 것은 본질적으로 대단히
어려운 일이고, 시간을 단축하려는 노력이 매번 성공을 거두는 것도
아니다. 그런데 이러한 시간적 지체를 인정하는 것이 조절이론의 치
명적 약점으로 인식되고, 과학성의 결여로 간주되곤 한다. 그러나 우
리는 오히려 이것이 조절이론 방법론이 가진 특성이자 장점이 될 수
있다고 생각한다.

포드주의 분석이 조절이론의 성립과 확산에 지대한 역할을 했다는
것은 사실이지만 이 책의 독자들이 포드주의 분석에만 한정될 수 없는
조절이론적 문제의식의 잠재적 가능성을 인정하게 된다면 이 책은 목
적을 달성했다고 말할 수 있을 것이다. 장기 역사에 착목하고 정치적
인 것과 경제적인 것의 관계에 주목한 덕분에 조절이론이 현대의 수많
은 변화들을 설명할 수 있었던 것은 아닐까? 이 책의 후속편에서는 이
연구 프로그램이 이루어낸 가장 최근의 성과물이 제시될 것이다.

옮긴이의 말

이 책의 번역에 참여한 사람은 무려 다섯 명이다. 모두 프랑스에서 박사학위과정을 마친 후 네 사람은 각각 서로 다른 국내 대학에, 한 사람은 프랑스의 한 대학에 재직하면서 경제학을 가르치고 있다. 앞의 네 사람은 몇 년 전부터 공동 관심사를 주고받는 부정기 연구모임을 이어오고 있지만 당장은 독자적인 연구그룹의 결성을 기약하기는 쉽지 않은 형편이고, 프랑스에 있는 한 사람도 최근에야 이 모임에 합류했다. 역자들 중에는 프랑스 유학 중 조절이론 연구집단에 직접 참여했던 사람도 있고, 간접적으로 관심을 가지고 인적 교류에 그친 사람도 있지만, 그래도 프랑스 조절이론에 가장 가까이 다가서본 한국인 연구자들로서 조절학파의 주요 저서를 국내에 번역 소개하는 과업 정도는 최소한 우리가 나서야 할 일이 아닌가 하는 일종의 책임감을 공유하고 있었다.

그에 따라 2009년에 아글리에타와 베레비의 『세계 자본주의의 무질서』를 공동번역으로 출간했는데, 국내에서 우수학술도서로 선정되는 등 호평을 받았다. 그 후 작년 여름쯤에 프랑스 조절이론의 교과

서라 해도 무방한 부아예의 본서를 번역하여 소개하자는 논의가 있었고, 이 책이 그 결실이다. 원서는 소책자로서 상대적으로 적은 분량이지만 모두가 참여한다는 의미에서 각자 한 장씩 맡아 초고를 만들기로 했다. 하지만 상호 교정교열을 통해 용어 통일과 문체 조정을 마쳤기 때문에 공동번역의 부작용은 최소화되었을 것으로 믿는다. 따라서 혹시 있을 수 있는 오역과 오류는 어디까지나 역자 모두의 책임임을 밝혀두고 싶다.

불어판 원서의 출간 시점이 2004년이라서 상대적으로 시의성이 떨어짐에도 불구하고 역자들이 이 책의 번역출간이 무의미하지 않다고 생각한 데는 적어도 다음 두 가지 이유가 있다. 먼저, 오늘날 주요 선진국 경제는 물론 세계경제 전체가 심대한 위기에 빠져 있음에도 이위기의 탈출구 모색은커녕 그 원인조차 제대로 진단하지 못하고 있는 표준 경제이론의 한계를 목도하면서 프랑스 조절이론이 그 대안으로서의 가치를 충분히 가지고 있다는 점을 인정했기 때문이다. 다음으로, 그렇다면 프랑스 조절이론의 국내 소개가 당연히 필요해지고 이 책만큼 그 목적의 달성에 적절한 것도 없다고 판단했기 때문이다. 그동안 일부 조절이론가들의 저서 몇 종이 번역 출간되긴 했지만 그중 어느 것도 조절이론의 전모를 파악할 수 있게 해주는 책은 아니었다. 부아예 교수는 1986년에 조절이론의 기존 성과를 집대성한 책(『조절이론: 비판적 분석 *Théorie de la régulation: une analyse critique*』)을 출간한 적이 있는데, 국내에서 조절이론에 관심을 가진 일부 학자와 연구자들이 이 책에 관심을 가진 적이 있다. 그 후 2004년에 이르러 부아예 교수가 1986년 이후의 연구성과까지 포함시켜 조절이론의 대강을 소개하는 본서를 출판한 것이다. 그 후로는 이런 성격의 저작이 나오지 않았고 앞으로도 상당 기간은 그럴 것으로 생각되어, 역자들은 조절이론 소개서로 부아예의 2004년 저작을 선택할 수밖에 없었다. 하지만 2004년 이후의 조절이론의 연구상황에 관한 정보가 누락되어 있다는 것은 개론서로서는 결함이 아닐 수 없다. 이를 보완하기 위해서 우리 역자들은 2004년 이후의 조절학파의 관심사와 연구성과를 알 수 있도록 부아예 교수에게 한국어판 서문을 부탁했는데, 기대에 넘치게도 그는 한·중·일을 비롯한 아시아의 연구자들에 의해 이루어진 연구성과물 목록을 한국어판 서문 말미에 참고문헌으로 덧붙이는 수고까지 해주었다.

부아예의 1986년 책에 비해 2004년 책은 소책자 형태이지만 조절이론의 핵심을 잘 정리해주고 있다. 40년이 넘는 역사를 가진 조절이론의 발전과정을 개관하고 연구성과를 정리하여 그 주요 개념, 방법론, 특징 등을 소개하는 것이 저자가 추구하는 목적인 만큼, 조절이론에 관해서는 부분적인 지식밖에 갖고 있지 못한 역자들로서는 이에 대해 무언가를 말한다는 것 자체가 지나친 욕심이자 중언부언이 될 우려가 있다는 생각도 들었다. 그러나 독자들은 두껍지 않은 본서를 통해 조절이론의 개요를 충분히 파악할 수 있을 것이다. 조절이론에 특별한 관심을 가진 연구자라면 우리가 일부 보완한 본서 말미의 참고문헌과 한국어판 서문 말미의 참고문헌 목록이 유용할 것이다. 그리고 역시 본서 말미에 수록된 조절이론의 연보를 통해 조절이론의 시기별 발전과정도 알 수 있을 것이다. 물론 대다수 관련 문헌이 불어로 되어 있어 조절이론의 국내 전파에는 언어가 가장 커다란 장애물로 작용하고 있다. 바로 이 점에서 조절이론만이 아니라 불어로 쓰인 경제학 관련 주요 저작들이 한국어로 번역 출간되어야 할 필요성을 크게 느끼고 있지만, 안타깝게도 국내의 제반 여건상 그런 일이 조기에 성사되기는 어려워 보인다.

본서의 번역에는 그 분량에 비하면 적지 않은 시간과 노력이 투여되었다. 역자들의 역량 부족이 가장 큰 원인이긴 하지만 30여 년에 걸친 조절이론의 연구성과가 소책자에 집약적으로 정리되어서 그런지, 정작 조절이론의 본거지인 프랑스에서 공부를 하긴 했지만 조절이론 자체를 직접 연구하지는 않았던 역자들로서는 내용을 정확히 파악하기가 쉽지 않은 대목이 적지 않았음을 고백하지 않을 수 없다. 다만 철학적인 문체를 자주 이용하는 프랑스 학자들의 글에는 현지인들조차 이해하기 어려운 문장이나 단어도 꽤 있다는 얘기를 전해 듣고는 일말의 위로마저 느끼기도 했다. 어쨌든 내용이 쉽게 파악되지 않는 문장들은 역자들이 중지를 모아 합의한 바에 따라 번역했으므로 원서의 의미를 훼손하지는 않았으리라 자부한다.

본서의 내용은 쉽지 않다. 현대 경제이론에 관한 전문적 지식이 없는 사람이라면 아주 난해하다는 느낌을 가질 것이고, 다양한 방정식과 수리 모형 역시 상당한 계량경제학적 지식을 요할 것이다. 그럼에도 본서를 통해 조절이론의 전체적 개요와 핵심을 파악하는 데는 별 지장이 없을 것으로 생각한다. 이 책이 국내에서 조절이론에 관한 관심을 다시 불러일으키고 나아가 대안적 경제이론으로서의 가치를 인정받게 하는 계기가 될 수 있다면 더 바랄 것이 없겠다.

끝으로, 이 한국어판의 출간은 주위의 여러분들의 도움이 없었다면 성사되기가 어려웠을 것이 틀림없다. 무엇보다 한국어판을 위해 장문의 서문을 보내오신 부아예 교수께 깊은 감사를 드린다. 저자서문 덕분에 조절이론 연구의 최근 동향을 보완할 수 있어 다행스럽게 생각하며, 한국에서의 조절이론의 확산을 기대할 수 있게 되었다. 아울러 수익성을 기대하기 어려운 전문서적임을 알면서도 번역 출간에 기꺼이 응해주신 도서출판 뿌리와이파리의 정종주 대표께 무어라 감사의 말씀을 드려야 할지 모르겠다. 그리고 그림, 표 등이 많아 작업하기가 여러모로 까다로웠을 텐데도 멋진 모양의 책을 만들어주신 편집부 여러분께도 고마움을 표하고자 한다.

2013년 입춘을 맞아

옮긴이 일동

연보: 조절이론의 기원과 발전단계

1970년대 초반 프랑스 정부의 경제 관련 부처, 즉 프랑스 통계청INSEE과 경제전망국Direction de la prévision을 위해 일했던 경제학자들과 거시계량모델의 저자들, 즉 DECA의 베르나르 비요도Bernard Billaudot, FIFI의 미셸 아글리에타Michel Aglietta, 로베르 부아예, STAR의 자크 마지에Jacques Mazier 등은 1967년부터 경제가 이전과는 다르게 움직이고 있다는 것을 관찰했다. 특히 제1차 석유위기 이후 프랑스에서 실업은 느리지만 꾸준히 증가하고, 인플레이션이 전반적으로 가속화하며, 성장률이 둔화하는 현상이 뚜렷해진 것이다. 한편으로는 미하우 칼레츠키Michal Kalecki, 니컬러스 칼도어Nicholas Kaldor, 조앤 로빈슨Joan Robinson의 연구로부터 영감을 얻고 다른 한편으로는 자본주의의 장기 변형에 대한 분석에 매료되었던 이 경제학자들은 마르크스 이론의 설명력을 비판적으로 평가하기 시작했다.

한편, 폴 보카라Paul Boccara의 영향을 받은 일단의 경제학자들은 제라르 데스탄 드베르니스Gérard Destanne de Bernis의 지도하에 그렉GREEC(자본주의 경제의 조절에 관한 연구그룹)에 모여 현대 자본주의의 변형을 분석하는 동일한 프로젝트에 착수했다. 이 연구그룹은 인식론 철학자인 조르주 캉기엠Georges Canguilhem으로부터 조절régulation 개념을 차용하여 새로운 의미를 부여했다.

1976년 미셸 아글리에타가 조절이론 학파의 주춧돌이 된 『조절과 자본주의의 위기*Régulation et crises du capital*』를 출간했고, 이후 조절이론은 점차 국가독점자본주의론Capitalisme monopoliste d'État(CME)과 구별되는 방향으로 발전하기 시작했다. 1970년대의 위기는 단체 협약, 신용화폐의 관리, 기업집단 간 경쟁 형태 등에서 발생한 중대한 변화로 인해 노동자들의 대량소비가 성장의 동력이 된 체제, 즉 포드주의의 위기였다.

1977년 세프레맙CEPREMAP(경제 분석과 적용을 위한 연구센터)에 속한 일단의 경제학자들이 미국에 대한 아글리에타(1976)의 분석이 프랑스에 대해서도 타당하다는 것을 확인했다. 19세기와 양차대전 중간기의 경쟁적 조절양식이 포드주의의 독점적 조절양식으로 이행했고, 그래서 양차대전 중간기는 1929년의 위기를 동반한 전환기로 간주되었다.
세프레맙-코르데스CEPREMAP-CORDÈS, 『인플레이션 접근법*Approches de l'inflation*』

1978년 로베르 부아예 · 자크 미스트랄Jacques Mistral, 『축적, 인플레이션, 위기들*Accumulation, inflation, crises*』

1979년 알랭 리피에츠Alain Lipietz, 『위기와 인플레이션, 왜?*Crises et inflation, pourquoi?*』

1980년대 1970년대에 이루어진 연구들의 성과는 1980년대에 들어 조절이론의 이론적 기반에 대한 깊은 성찰로 이어졌다. 르네 지라르René Girard의 미메티즘mimétisme 이론, 국가에 대한 분석과 함께, 계급투쟁만이 아니라 계층 갈등에 대해서도 분석했다.

1982년 미셸 아글리에타 · 앙드레 오를레앙André Orléan, 『화폐의 폭력*La Violence de la monnaie*』

1983년 로베르 델로름Robert Delorme · 크리스틴 앙드레Christine André, 『국가와 경제*L'État et l'économie*』

1984년 미셸 아글리에타 · 앙통 브랑데Anton Brender, 『임노동 사회의 변형*Les Métamorphoses de la société salariale*』

몇몇 연구자들이 포드주의를 보편적인 모델로 보려고 했으나 장기 역사 분석과 비교 연구가 늘어나면서 다양한 축적 체제의 존재가 드러났다.

모리스 바슬레Maurice Baslé · 자크 마지에 · 장-프랑수아 비달Jean-François Vidal, 『위기들이 지속될 때Quand les crises durent...』

1985년   자크 사피르Jacques Sapir, 『소련의 경제 변동Les Fluctuations économiques en URSS』

알랭 리피에츠, 『환상과 기적Mirages et Miracles』

1986년   카를로스 오미나미Carlos Ominami, 『위기에 빠진 제3세계Le Tiers Monde dans la crise』

로베르 부아예(편), 『유럽에서의 노동 유연화La Flexibilité du travail en Europe』

파스칼 프티Pascal Petit, 『서비스 경제의 느린 성장Slow Growth in a Service Economy』

이전 10년간의 연구 결과를 처음으로 집대성한 로베르 부아예, 『조절이론: 비판적 분석Théorie de la régulation: Une analyse critique』 출간.

그르노블 학파와 파리 학파 간 발전 경로가 달라지는 경향을 보임.

그렉, 『위기와 조절Crise et Régulation』

로베르 부아예(편), 『세기말의 자본주의Capitalismes fin de siècle』

1988년   스페인 바르셀로나에서 조절이론 국제학술대회 열림. 참고: 로베르 부아예, 『조절이론들: 파리, 바르셀로나, 뉴욕 등Les Théories de la régulation: Paris, Barcelone, New York...』

1990년대   이 시기는 조절이론의 두 번째 발전단계로서 기본 개념들이 심화되고 연구 주제가 영역별로 분화되었다. 예컨대 포스트-포드주의론, 국가 이론, 금융 이론, 콩방시옹 이론과 조절이론 간 연계 등이다.

1991년	벵자맹 코리아Benjamin Coriat, 『거꾸로 생각하기Penser à l'envers』
1992년	브뤼노 테레Bruno Théret, 『정치적 성격을 띤 경제체제들 Régimes économiques de l'ordre politique』
1993년	로베르 부아예 · 장-피에르 뒤랑Jean-Pierre Durand, 『포드주의 이후L'Après-fordisme』
1994년	앙드레 오를레앙, 『협약의 경제적 분석Analyse économique des conventions』
	브뤼노 테레, 『국가, 금융, 사회적인 것L'État, la finance, le social』
1995년	로베르 부아예 · 이브 살라르Yves Saillard(편), 『조절이론의 현황Théorie de la régulation. L'État des savoirs』
	1990년대에는 매우 심대한 제도 변화가 발생했기에 연구의 중심도 이동할 수밖에 없었다. 예컨대 국제화, 유럽 건설, 지역 통합, 경쟁의 심화 및 축적의 금융화, 그리고 제도 형태들의 위계상 혼란이라는 가정 등이다.
1996년	베르나르 비요도, 『현대 사회의 경제적 특성L'Ordre économique de la société moderne』
1997년	『조절이론 연보 1호: 유럽과 국제 비교 방법론L'Année de la régulation, n° 1: Europe et méthodologie des comparaisons internationales』
	프레데릭 로르동Frédéric Lordon, 『경제정책의 해결 불가능성Les Quadratures de la politique économique』
1998년	『조절이론 연보 2호: 국제 정치경제학과 제도 변화L'Année de la régulation, n° 2: Économie politique internationale et changements institutionnels』. 특히 파스칼 프티, 「구조 형태들과 성장 체제Formes structurelles et régimes de croissance」 참조.
	미셸 아글리에타 · 앙드레 오를레앙, 『내일의 자본주의 Le Capitalisme de demain』 및 『화폐 주권La monnaie sou-

veraine』

| 1999년 | 『조절이론 연보 3호: 경제정책L'Année de la régulation, n° 3: Politique économique』 |

베르나르 샤방스Bernard Chavance 외, 『자본주의와 사회주의에 대한 전망Capitalisme et socialisme en perspective』

앙드레 오를레앙, 『금융의 권력Le Pouvoir de la finance』

2000년대 이 시기에는 다양한 제도주의 조류들에 대한 조절이론의 입장이 정립되었고 조절이론의 국제적인 수용이 이루어졌다. 제도적이고 역사적인 거시경제학 프로젝트가 진행되었으며, 금융 주도 축적체제의 지속 가능성, 국제화가 자본주의 유형에 미치는 영향 등에 대한 논쟁이 벌어졌다. 한편 자본주의의 다양성에 입각한 논의와 함께, 경제정책의 형성 및 제도 형태들의 성공 조건에 대한 관심도 증대되었다.

2000년 『조절이론 연보 4호: 연기금과 '새로운 자본주의'L'Année de la régulation, n° 4: Fonds de pension et «nouveau capitalisme»』

로베르 부아예 · 야마다 도시오, 『위기에 빠진 일본 자본주의Japanese Capitalism in Crisis』

2001년 『조절이론 연보 5호: 발전의 정치경제학L'Année de la régulation, n° 5: Économie politique du développement』

베르나르 비요도, 『조절과 성장Régulation et croissance』

로베르 부아예 · 피에르-프랑수아 수이리Pierre-François Souiry, 『세계화와 조절들Mondialisation et régulations』

밥 제숍Bob Jessop, 『조절이론과 자본의 위기Régulation Theory and the Crisis of Capital』. 이 책이 2001년에야 출간되었다는 것은 조절이론이 영미권에서 얼마나 전파되기 어려운가를 보여주는 사례다.

스테파노 팔롬바리니Stefano Palombarini, 『이탈리아의 사회적 타협의 붕괴La Rupture du compromis social italien』

2002년 『조절이론 연보 6호: 자본주의의 정치경제학L'Année de la

régulation, n° 6: Économie politique du capitalisme』

로베르 부아예, 『21세기 초의 경제성장*La Croissance début de siècle*』

2003년	『조절이론 연보 7호: 제도와 그 변화*L'Année de la régula- tion, n° 7: Les Institutions et leurs changements*』
	브뤼노 아마블Bruno Amable, 『현대 자본주의의 다양성*Di- versity of Modern Capitalism*』
	조절이론과 협약이론convention 간의 차이에 대한 인식이 생 겨났다. 제도의 정치경제학인가, 아니면 윤리의 포함인가.
2004년	『조절이론 연보 8호: 사상과 공간*L'Année de la régulation, n° 8: Idées et Espaces*』
	로베르 부아예, 『하나의 자본주의 이론은 가능한가?*Une théorie du capitalisme est-elle possible?*』
	미셸 아글리에타 · 앙투안 르베리우Antoine Rebérioux, 『금 융자본의 표류*Dérives du capital financier*』

참고문헌

AGLIETTA M. [1976], *Régulation et crises du capitalisme*, Calmann Lévy, Paris, 2e édition 1982. Réedition, nouvelle préface, Odile Jacob, Paris, 1997.

_____[1995], *Macroéconomie financière*, tomes 1 et 2, La Découverte, coll. «Repéres», Paris, nouvelle édition 2001.

_____[1998], «Le capitalisme de demain», *Notes de la Fondation Saint-Simon*, Paris, novembre.

_____[2008], *Macroéconomie financière*, La Découverte.

_____[2008], *La Crise, Comment en est-on arrivé-là? Comment en sortir ?*, Editions Michalon(서익진 역, 『위기, 왜 발발했으며 어떻게 극복할 것인가』, 한울, 2009).

AGLIETTA M., BERREBI L. [2007], *Désordres dans le capitalisme mondial*, Odile Jacob(서익진 외 공역, 『세계 자본주의의 무질서』, 길, 2009).

AGLIETTA M., BRENDER A. [1984], *Les Métamorphoses de la société salariale. La France en projet*, Calmann-Lévy, Coll. «Perspectives de l'économique».

AGLIETTA M., ORLÉAN A. [1982], *La Violence de la monnaie*, PUF, Paris.

_____(dir.) [1998], *La Monnaie souveraine*, Odile Jacob, Paris.

_____[2002], *La Monnaie: entre violence et confiance*, Odile Jacob, Paris.

AGLIETTA M., REBÉRIOUX A. [2004], *Les Dérives du capitalisme financier*, Albin Michel, Paris.

AKERLOF G. [1984], *An Economic Theorist's Book of Tales*, Cambridge University Press, Cambridge.

AMABLE B. [2003], *The Diversity of Modern Capitalism*, Oxford University Press,

Oxford.

_____ [2010], "Les crises de la société française : quelques éléments d'économie politique", in Askenazy P. & Cohen D. (Eds), *16 nouvelles questions d'économie contemporaine*. Paris, Stock.

_____ [2010], "Discussion: crisis in the regulation regime–a new paradigm?", *Socio Economic Review*. Vol.8, No.3, 537-541.

AMABLE B., AZIZI K. [2011], "Varieties of Capitalism and Varieties of Macroeconomic Policy", MPIfG Discussion Paper 11/6.

AMABLE B., BARRÉ R., BOYER R. [1997], *Les Systèmes d'innovation à l'ère de la globalisation*, OST/Economica, Paris.

AOKI M. [2002], *Toward a Comparative Institutional Analysis*, MIT Press, Cambridge (MA).

ARTHUR B. [1994], *Increasing Returns and Path Dependence in the Economy*, The University of Michigan Press, Ann Arbor.

BARAN P., SWEEZY P. [1970], *Le Capitalisme monopoliste*, Maspero, Paris.

BASLÉ M., MAZIER J., VIDAL J.-F. [1984], *Quand les crises durent...*, Paris, Economica, nouvelle édition 1993.

BÉBÉAR C. [2003], *Ils vont tuer le capitalisme*, Plon, Paris.

BÉNASSY J.-P. [1984], *Macroéconomie et théorie du déséquilibre*, Dunod, Paris.

BÉNASSY J.-P., BOYER R., GELPI R.-M., [1979], «Régulation des économies capitalistes et inflation», *Revue économique*, vol. 30, no 3, mai 1979, p. 397-441.

BERLE A. A., MEANS G. [1932], *The Modern Corporation and Private Property*, Transaction Publishers, The State University, New Brunswick, réédition 1991.

BERNIS D. DE [1977], «Une alternative à l'hypothèse de l'équilibre économique général: la régulation de l'économie capitaliste», GREEC [1983], p. 12-51.

BERTOLDI M. [1989], «The Growth of Taiwanese Economy: 1949-1989. Success and Open Problems of a Model of Growth», *Review of Currency Law and International Economics*, vol. 39, no 2, p. 245-288.

BERTRAND H. [1983], «Accumulation, égulation, crise: un modèle sectionnel théorique et appliqué», *Revue économique*, vol. 34, no 6, mars.

BILLAUDOT B. [1996], *L'ordre économique de la société moderne*, L'Harmattan, Paris.

_____[2001], *Régulation et croissance. Une macroéconomie historique et institutionnelle*, L'Harmattan, Paris.

BILLADOT B., GAURON A. [1985], *Croissance et crise*, La Découverte, Paris.

BLAIR M. M. [2003], «Shareholder Value, Corporate Governance, and Corporate Performance», in CORNELIUS P. K. et KOGUT B. (dir.), *Corporate Governance and Capital Flows in a Global Economy*, Oxford University Press, Oxford, p. 53-82.

BOCCARA P. [1974], *Études sur le capitalisme monopoliste d'État*, Édition Sociales, Paris.

BOUVIER J. [1989], *L'Historien sur son métier*, Édition des archives contemporaines, Paris.

BOWLES S., GORDON D. M., WEISKOPF T. E. [1986], *L'Économie du gaspillage. La crise américaine et les politiques reaganiennes*, La Découverte, Paris.

BOWLES S., BOYER R. [1990], «Notes on Employer Collusion, Centralized Wage Bargaining and Aggregate Employment», *in BRUNETTA R. et DELL'ARINGA C.*, *Labour Relations and Economic Performances*, McMillan, Lordres, p. 304-352.

_____[1995], «Wages, Aggregate Demand, and Employment in an Open Economy: A Theoretical and Empirical Investigation», *in* EPSTEIN G., GINTIS H. (dir.), *Macroeconomic Policy after the Conservative Era: Studies in Investment, Saving and Finance*, Oxford University Press, Oxford.

BOYER R. [1978], «Les salaires en longue période», *Économie et Statistique*, no 103, septembre 1978, p. 27-57.

_____[1986a], *Théorie de la régulation. Une analyse critique*, La Découverte, Paris.

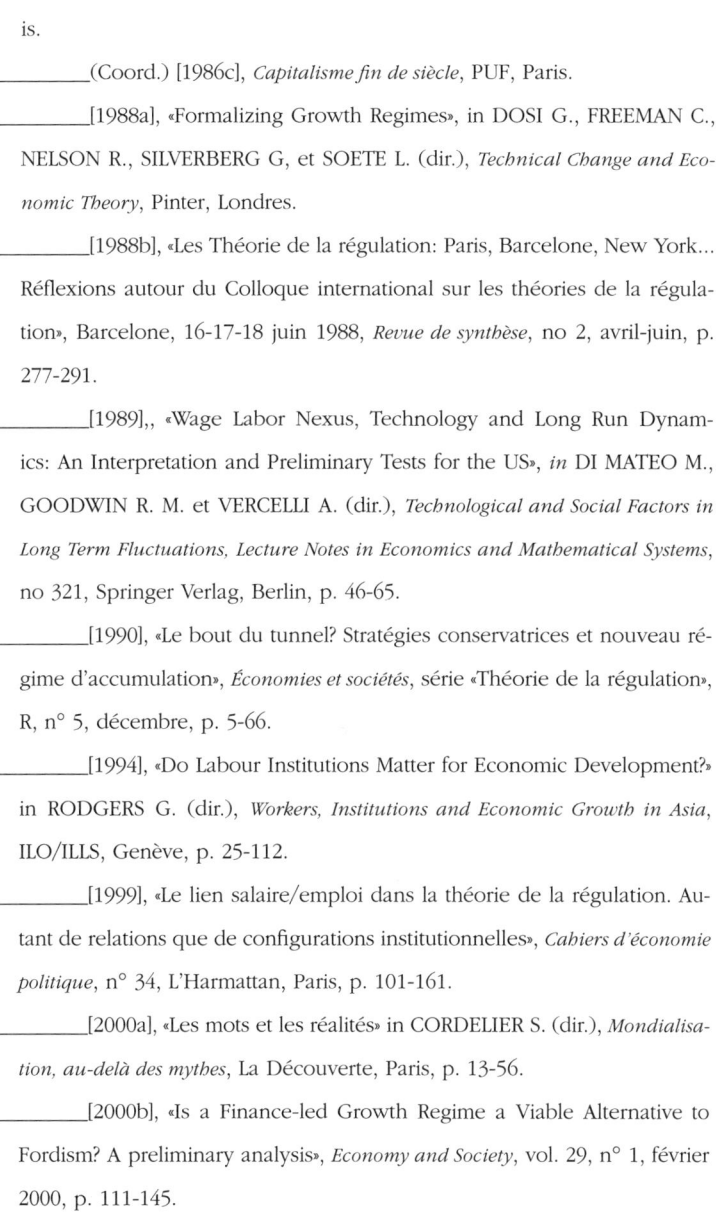

_____(dir.) [1986b], *La Flexibilité du travail en Europe*, La Découverte, Paris.

_____(Coord.) [1986c], *Capitalisme fin de siècle*, PUF, Paris.

_____[1988a], «Formalizing Growth Regimes», in DOSI G., FREEMAN C., NELSON R., SILVERBERG G, et SOETE L. (dir.), *Technical Change and Economic Theory*, Pinter, Londres.

_____[1988b], «Les Théorie de la régulation: Paris, Barcelone, New York... Réflexions autour du Colloque international sur les théories de la régulation», Barcelone, 16-17-18 juin 1988, *Revue de synthèse*, no 2, avril-juin, p. 277-291.

_____[1989],, «Wage Labor Nexus, Technology and Long Run Dynamics: An Interpretation and Preliminary Tests for the US», *in* DI MATEO M., GOODWIN R. M. et VERCELLI A. (dir.), *Technological and Social Factors in Long Term Fluctuations, Lecture Notes in Economics and Mathematical Systems*, no 321, Springer Verlag, Berlin, p. 46-65.

_____[1990], «Le bout du tunnel? Stratégies conservatrices et nouveau régime d'accumulation», *Économies et sociétés*, série «Théorie de la régulation», R, n° 5, décembre, p. 5-66.

_____[1994], «Do Labour Institutions Matter for Economic Development?» in RODGERS G. (dir.), *Workers, Institutions and Economic Growth in Asia*, ILO/ILLS, Genève, p. 25-112.

_____[1999], «Le lien salaire/emploi dans la théorie de la régulation. Autant de relations que de configurations institutionnelles», *Cahiers d'économie politique*, n° 34, L'Harmattan, Paris, p. 101-161.

_____[2000a], «Les mots et les réalités» in CORDELIER S. (dir.), *Mondialisation, au-delà des mythes*, La Découverte, Paris, p. 13-56.

_____[2000b], «Is a Finance-led Growth Regime a Viable Alternative to Fordism? A preliminary analysis», *Economy and Society*, vol. 29, n° 1, février 2000, p. 111-145.

_____[2002a] «L'après-consensus de Washington: institutionnaliste et systémique?», _L'Année de la régulation 2001-2002_, Presses de Sciences Po, vol. 5, p. 13-56.

_____[2002b], _La Croissance, début de siècle. De l'octet au gène_, Albin Michel, Paris.

_____[2011], _Les financiers détruiront-ils le capitalisme?_, Economica.

BOYER R., CORIAT B. [1985], «Marx, la technique et la dynamique longue de l'accumulation», _in_ CHAVANCE B. (dir.), _Marx en perspective_, Éditions de l'EHESS, Paris, juin, p. 419-457.

BOYER R., DEHOVE M., PLIHON D. [2004], _Les Crises financières: analyse et propositions_, Rapport du Conseil d'analyse économique, La Documentation française, Paris.

BOYER R., DURAND J.-P. [1993], _L'Après-fordisme_, Syros, Paris.

BOYER R., FREYSSENET M. [2000], _Les Modèles productifs_, La Découverte, coll. «Repères», Paris.

BOYER R., JUILLARD M. [2002], «Les États-Unis: Adieu au fordisme!» _in_ BOYER R., SAILLARD Y. (dir.), _Théorie de la régulation. L'état des savoirs_, La Découverte, Paris, p. 378-388.

BOYER R., MISTRAL. J. [1982], _Accumulation, inflation, crises_, PUF, Paris, 1re édition 1978.

BOYER R., ORLÉAN A. [1991], «Les transformations des conventions salariales entre théorie et histoire», _Revue économique_, n° 2, mars, p. 233-272.

BOYER R., SAILLARD Y. (dir.) [2002], _Théorie de la régulation: l'état des savoirs_, La Découverte, Paris, nouvelle édition actualisée.

BOYER R., SCHMÉDER G. [1990], «Un retour à Adam Smith», _Revue française d'économie_, vol. 5, n° 1, hiver, p. 125-159.

BOYER R., SOUIRY P.-F. (dlr.) [2001], _Mondialisation et régulations_, La Découverte, Paris.

BOYER R., YAMADA T. (dir.) [2000], _Japanese Capitalism in Crisis_, Routledge,

Londres.

BRAUDEL. F. [1979], *Civilisation matérielle, économie et capitalisme, XV-XVIIIe siècle*, 3 tomes, Armand Colin, Paris.

BUECHTEMANN C. H. (dir.) [1993], *Employment Security and Labor Market Behavior*, Cornell University Press, Ithaca.

CANGUILHEM G. [1974], «Régulation», *Encyclopaedia Universalis*, vol. 14.

CEPREMAP-CORDÈS [1977], «Approches de l'inflation: l'exemple français», BÉNASSY J.-P., BOYER R., GELPI R.-M., LIPIETZ A., MISTRL J., MUNOZ J., OMINAMI C., *Rapport de la convention de recherche*, n° 22/176, décembre.

_____[1978], «Approches de l'inflation: l'exemple français», *Recherches économiques et sociales*, n° 12, La Documentation française, octobre, p. 7-59.

CHAVANCE B., MAGNIN E., MOTAMED-NEJAD R., SAPIR J. [1999], *Capitalisme et socialisme en perspective. Évolution et transformations des systèmes économiques*, La Découverte, Paris.

CHESNAIS F. (sous la direction) [1997], *La Mondialisation financière: Genèse, coût et enjeux*, Alternatives Economiques, Paris: Syros(서익진 역, 『금융의 세계화: 기원, 비용 및 노림』, 한울, 2002)

_____[1997], *La Mondialisation du capital*, Paris: Syros(서익진 역, 『자본의 세계화』, 한울, 2003)

CORIAT B. [1991], *Penser à l'envers*, Bourgois, Paris.

_____[1995], «La France: un fordisme brisé... sans successeur», in BOYER R., SAILLARD Y. (dir.), *Théorie de la régulation: l'état des savoirs*, La Découverte, p. 389-397, réédition 2002.

CORIAT B., WEINSTEIN O. [1995], *Les Nouvelles Théories de l'entreprise. Une présentation critique*, Le Livre de Poche, Hachette, Paris.

DEBREU G. [1954], *La Théorie de la valeur*, Dunod, Paris.

DEFALVARD H. [2000], «L'économie des conventions à l'école des institutions», *Document de travail, Centre d'études de l'emploi*, Noisy-le-Grand, n°

2, juillet.

DELORME R. (dir.) [1996], *À l'Est du nouveau. Changements institutionnels et transformations économiques*, L'Harmattan, Paris.

DELORME R., ANDRÉ Ch. [1983], *L'État et l'économie. Un essai d'explication de l'évolution des dépenses publiques en France*, 1870-1980, Seuil, Paris.

DUMÉIL. G., LÉVY D. [2002], *Économie marxiste du capitalisme*, La Découverte, coll. «Repères», Paris.

EYMARD-DUVERNAY F. [1989], «Conventions de qualité et formes de coordination», *Revue économique*, vol. 40, p. 329-359.

_____[2004], *Économie politique de l'entreprise*, La Découverte, coll. «Repères», Paris.

FLIGSTEIN N. [1990], *The Transformation of Corporate Control*, Harvard University Press, Cambridge(Mass.).

GARCIA M.-F. [1986], «La construction sociale d'un marche parfait: le marché au cadran de Fontaines-en-Sologne», *Actes de la recherche en sciences sociales*, n° 65, novembre, p. 2-13.

GRREC [1983 et 1991], *Crise et régulation. Recueils de textes*, tome 1: 1979-1983, et tome 2: 1983-1989, Université de Grenoble 2, Grenoble.

GUERRIEN B. [1996], *L'Économie néoclassique*, La Découverte, coll. «Repères», Paris, 3e édition.

GUIBERT B. [1986], *L'Ordre marchand*, Cerf, Paris.

HILFERDING R. [1970], *Le Capital financier*, Minuit, Paris.

HOCHRAICH D. [2002], *Mondialisation contre développement. Le cas des pays asiatiques*, Syllepse, Paris.

JESSOP B. [1997], «Twenty Years of the (Parisian) Regulation Approach: The Paradox of Success and Failure at Home and Abroad», *New Political Economy*, vol. 2, n° 3, p. 503-526.

_____(dir.) [2001], *Regulation Theory and the Crisis of Capitalism*, Edward Elgar, Cheltenham, 5 volumes, dont *The Parisian Régulation School*, vol. 1,

Regulationist Perspectives on Fordism and Post-Fordism, vol. 3.

JUILLARD M. [1993], *Un schéma de reproduction pour l'économie des États-Unis: 1948-1980*, Peter Lang, Paris.

KONDRATIEFF N. [1992], *Les Grands Cycles de la conjoncture*, Economica, Paris. Édition originale Voprosy Konjunktury, Moscou, 1925.

LABROUSSE E. (dir.) [1976], *Histoire économique et sociale de la France*, vol. 2, PUF, Paris.

LABROUSSE A., WEISZ J.-D. (dir.) [2001], *Institutional Economies in France and Germany: German Ordoliberalism Versus the French Régulation School*, Springer, Berlin.

LEIBENSTEIN H. [1976], *Beyond Economic Man: A New Foundation in Microeconomics*, Harvard University Press, Cambridge (Mass.).

LE RIDER G. [2001], *La Naissance de la monnaie*, PUF, Paris.

LEROY C. [2002], «Les salaires en longue période», *in* BOYER R., SAILLARD Y. (dir.), p. 114-125.

LIPIETZ A. [1979], *Crise et inflation, pourquoi?* Maspero-La Découverte, Paris.

_____[1983], *Le Monde enchanté: de la valeur à l'envol inflationniste*, La Découverte, Paris.

_____[1985], *Mirages et miracles: problèmes de l'industrialisation dans le tiers monde*, La Découverte, Paris.

_____[1998], *La Société en sablier*, La Découverte, Paris.

LORDON F. [1996], «Formaliser la dynamique économique historique», *Économie appliquée*, tome 49, n° 1, p. 55-84.

_____[1997], *Les Quadratures de la politique économique*, Albin Michel, Paris.

_____[2000], «La "création de valeur" comme rhétorique et comme pratique. Généalogie et sociologie de la "valeur actionnariale"», *L'Année de la régulation*, vol. 4, La Découverte, Paris, p. 115-164.

LORENZI H., PASTRÉ O., TOLÉDANO J. [1980], *La Crise du XXᵉ siècle*, Economica, Paris.

LUCAS R. E. [1984], *Studies in Business-Cycle Theory*, The MIT Press, Cambridge (Mass.).

LUXEMBROUG R. [1967], *L'Accumulation du capital*, Minuit, Paris, vol. 1 et 2.

MANDEL E. [1978], *La Crise: 1974-1978*, Flammarion, Paris.

MARX K. [1972], *Le Capital*, Les Éditions sociales, Paris.

MATHIAS G., SALAMA P. [1983], *L'État surdéveloppé*, La Découverte, Paris.

MÉNARD C. (dir.) [2000], *Institutions, Contracts and Organizations*, Edward Elgar, Cheltenham.

MIOTTI L., QUENAN C. [2004], «Analyse des grandes crises structurelles: le cas de l'Argentine», *in* NEFFA J.C., BOYER R.

MISTRAL J. [1986], «Régime international et trajectoires nationales», in BOYER R. (dir.), *Capitalismes fin de siècle*, PUF, Paris, p. 167-202.

MJOSET L. [1992], *The Irish Economy in a Comparative Institutional Perspective*, National Economic and Social Council, Dublin.

NADEL H. [1983], *Marx et le salariat*, Le Sycomore, Paris.

NEFFA J. C., BOYER R. (dir.) [2004], *La crisis argentina (1976-2001). Una vision desde las teorias institucionalistas y regulacionistas*, Editorial Miño y Davila, Madrid.

NORTH D. C. [1990], *Institutions, Institutional Change and Economic Performance*, Cambridge University Press, Cambridge.

OMINAMI C. [1986], *Le Tiers Monde dans la crise*, La Découverte, Paris.

ORLÉAN A. [1999], *Le Pouvoir de la finance*, Odile Jacob, Paris.

_____(dir.) [1994], *Analyse économique des conventions*, coll. «Économie », PUF, Paris, nouvelle édition 2004.

PALOMBARINI S. [2001], *La Rupture du compromis social italien*, CNRS Éditions, Paris.

PETIT P. [1986], *Slow Growth and the Service Economy*, Frances Pinter, Londres.

_____[1998], «Formes structurelles et régimes de croissance de l'après-fordisme», _L'Année de la régulation 1998_, vol. 2, La Découverte, Paris, p. 177-206.

PLIHON D. (président) [2002], _Rentabilité et risque dans le nouveau régime de croissance_, Rapport du groupe du Commissariat général du Plan, La Documentation française, Paris, octobre.

_____[2003], _Le nouveau capitalisme_, La Découverte(서익진 역, 『신자본주의』, 경남대학교출판부, 2006).

POLANYI K. [1946], _The Great Transformation_, trad. fr. Gallimard, Paris, 1983(박현수 역, 『거대한 변환』, 민음사, 1991).

RAGOT X. [2000], _Division du travail, progrès technique et croissance_, thèse EHESS, Paris, 21 décembre.

RAJAN R.G., ZINGALES L. [2003], _Saving Capitalism from the Capitalists_, Random House, New York.

RÉAL B. [1990], _La Puce et le chômage_, Seuil, Paris.

SAPIR J. [1985], _Les Fluctuations économiques en URSS, 1941-1985_, Éditions de l'EHESS, Paris.

_____[2000], _Les Trous noirs de la science économique. Essai sur l'impossibilité de penser le temps et l'argent_, Albin Michel, Paris.

SIMON H. [1983], _Reason in Human Affairs_, Basil Blackwell, Londres.

SOROS G. [1998], _The Crisis of Global Capitalism. Open Society Endangered_, Public Affairs, New York.

SPENCE M. [1973], «Job Market Signaling», _The Quarterly Journal of Economies_, août, p. 353-374.

STIGLITZ J. [1987], «Dependence of Quality on Price», _Journal of Economic Literature_, vol. 25, p. 1-48.

_____[2002], _La Grande Désillusion_, Fayard, Paris.

_____[2003], _The Roaring Nineties. A New History of the World's Most Prosperous Decade_, W. W. Norton & Company, New York.

THÉRET B. [1992], *Régimes économiques de l'ordre politique: esquisse d'une théorie régulationniste des limites de l'État*, PUF, Paris.

_____(dir.) [1994], *L'État, la finance et le social: souveraineté nationale et construction européenne*, La Découverte, Paris.

_____[1999], «L'effectivité de la politique économique: de l'autopoïèse des systèmes sociaux à la topologie du social», *L'Année de la régulation 1999*, La Découverte, Paris, p. 127-168.

VARIAN H. [1995], *Analyse microéconomique*, De Boeck, Bruxelles.

VIDAL J.-F. [2000], *Dépression et retour de la prospérité*, L'Harmattan, Paris.

WALLERSTEIN I. [1978], *Le Système du monde du XV siècle à nos jours*, Flammarion, Paris.

_____[1999], *Le Capitalisme historique*, La Découverte, coll. «Repères», Paris.

조절이론을 더 많이 알려면

조절이론에 관심을 가진 연구자들이 모여 있는 '연구와 조절 협회Association Recherche & Régulation'의 웹사이트를 참조하라.
http://www.upmf-grenoble.fr/irepd/regulation

위 협회는 해마다 『조절이론 연보L'Année de la régulation』를 발행한다. 처음 4호 (1997, 1998, 1999, 2000)는 라데쿠베르트 출판사에서 발간되었다. 현재 품절 상태 이지만 게재된 논문들은 아래의 웹사이트에서 볼 수 있다.
http://www.upmf-grenoble.fr/irepd/regulation/Annee_regulation/index.html

『조절이론 연보』의 후속 호(2001-2004)는 시앙스포 출판사에 주문하면 구할 수 있다. 주소는 아래와 같다.
44, rue du Four, 75006 Paris
Tel.: 01 44 39 39 60 / Fax: 01 45 48 04 41
홈페이지: http://www.pressesdesciencespo.fr
이메일: info.presses@sciences-po.fr

위 협회는 1991년부터 분기별로 『조절이론 소식지Lettre de la régulation』를 전자 문서로 발송하고 있다.
http://www.upmf-grenoble.fr/irepd/regulation/Lettre_regulation/index.html

조절이론
1. 기초

2013년 3월 20일 초판 1쇄 찍음
2013년 3월 29일 초판 1쇄 펴냄

지은이 로베르 부아예
옮긴이 서익진 · 서환주 · 정세은 · 김태황 · 이지용

펴낸이 정종주
편집 이승환 제갈은영 최연희
마케팅 김창덕

펴낸곳 도서출판 뿌리와이파리
등록번호 제10-2201호(2001년 8월 21일)
주소 서울시 마포구 서교동 451-48 2층
전화 02)324-2142~3
전송 02)324-2150
전자우편 puripari@hanmail.net

표지디자인 오필민
종이 화인페이퍼
인쇄 및 제본 영신사
라미네이팅 금성산업

값 15,000원
ISBN 978-89-6462-025-0 (93320)

이 도서의 국립중앙도서관 출판시도서목록(CIP)는 e-CIP 홈페이지(http://www.nl.go.kr/ecip)와
국가자료공동목록시스템(http://www.nl.go.kr/kolisnet)에서 이용하실 수 있습니다.
(CIP 제어번호: CIP2013001614)